【广东省马克思主义理论研究文库】

垄断金融资本时代马克思主义的当代性研究

胡莹 著

LONGDUAN JINRONG ZIBEN SHIDAI MAKESIZHUYI DE DANGDAIXING YANJIU

SPM
南方出版传媒
广东人民出版社
·广州·

图书在版编目（CIP）数据

垄断金融资本时代马克思主义的当代性研究 / 胡莹著. —广州：广东人民出版社，2018.6（2023.1重印）
（广东省马克思主义理论研究文库）
ISBN 978-7-218-13037-8

Ⅰ. ①垄… Ⅱ. ①胡… Ⅲ. ①马克思主义—发展—研究—世界—现代 Ⅳ. ①A81

中国版本图书馆 CIP 数据核字（2018）第 142593 号

LONGDUAN JINRONG ZIBEN SHIDAI MAKESIZHUYI DE DANGDAIXING YANJIU
垄断金融资本时代马克思主义的当代性研究
胡莹 著

出 版 人：肖风华

责任编辑：卢雪华 廖智聪
封面设计：李桢涛
责任技编：吴彦斌 周星奎

出版发行：广东人民出版社
地　　址：广州市大沙头四马路 10 号（邮政编码：510199）
电　　话：（020）85716809（总编室）
传　　真：（020）83289585
网　　址：http://www.gdpph.com
印　　刷：河北飞鸿印刷有限责任公司
开　　本：787mm × 1092mm 1/16
印　　张：12 **插　页**：1 **字　数**：200 千
版　　次：2018 年 6 月第 1 版
印　　次：2023年 1月第 2次印刷
定　　价：35.00元

目　录

第一章　垄断金融资本时代马克思主义金融资本理论的当代性

马克思主义理论是马克思和恩格斯所处时代的产物。他们所处的时代，是工业化生产迅猛发展的时代，体力劳动是生产劳动的主要形式，产业资本之间的竞争占据资本主义社会的主导地位。信用作为资本积累的一种方式并未在全社会推广开来。资本主义国家之间的经济联系是简单而狭隘的，商品贸易是其主要形式。因此，马克思和恩格斯对资本主义经济规律的研究主要指向的客体是实体经济。马克思主义正是这一时代条件下的理论产物。在新的历史条件下，坚持和发展马克思主义的金融资本理论，对我们科学认识当代资本主义经济的新特征、新矛盾以及新的发展趋势，特别是对于科学地认识全球性的金融危机，具有重要意义。

第一节　马克思的金融资本理论及其当代意义

马克思是马克思主义金融资本理论的奠基者。虽然金融资本这一概念不是由马克思最先提出的，但是关于金融资本的一些基本理论，马克思已经有了系统的阐发，包括：在劳动价值论的基础上说明了货币的本质和运动规律；在剩余价值理论的基础上说明了资本的本质和运动规律；在资本流通过程中说明了货币资本的循环与周转；在资本主义经济的总过程中说明了生息资本、信用和虚拟资本的性质和作用；在生产过剩的基础上说明了货币危机和信用危机，等等。[①]

一、在劳动价值论和剩余价值论的基础上说明了资本的本质和运动规律

马克思指出，W—G—W 代表商品流通形式。商品生产者出卖商品换得货币，再用货币购买自己所需要的商品。商品流通的主要目的在于换取另外一种使用价值。G—W—G’则代表资本流通形式，资本家预付一定数量的货币购买特定的商品，然后再出卖商品换回更多的货币。资本流通的主要目的在于使资本增殖。G’ = G + ΔG（m），ΔG 或者说剩余价值就代表了增加的资本值。通过对这两种流通形式的分析可以看到，在商品流通中，货币只是作为购买手段，充当商品流通的媒介，它并不发生增殖，因而不是资本。而在资本流通中，货币在运动中能带来剩余价值，发生了资本增殖，这时货币已经不再是普通的货币，而是转化为资本，成为资本的存在形式。

问题在于，这里的 ΔG 是从何而来的，或者说剩余价值的来源在哪里？资本总公式表明，货币在运动中发生了价值增值。从形式上看，资本总公式是同价值规律相矛盾的。这个矛盾表现在：按照价值规律，商品交换应按其价值进行等价交换，因而在流通过程中，无论是 G—W，还是 W—G，商品价值量都是不能变化的，不能发生价值增值。但是，资本总公式表现出来的现象是，经过流通过程，资本价值量却发生了变化，实现了价值增值，这就是资本总公式的矛盾，也就是“李嘉图之谜”。

马克思认为，价值增值不会发生在 G—W 阶段的货币上，因为这里的货币作为购买手段，只是在实现商品的价格，其价值量并没有增值；其次，价值增值也不可能发生在 W—G 阶段，因为这里商品的价值是已定的，也不会因商品的卖出而发生价值增值；最后，价值增值必然是发生在 G—W 阶段的商品上。货币所有者必须购买到某种特殊的商品，这

① 参见张宇、蔡万焕：《马克思主义金融资本理论及其在当代的发展》，载《马克思主义与现实》2010 年第 6 期，第 101 页。

种商品具有特殊的使用价值，通过对它的使用能创造价值，而且能创造比特殊商品自身价值更大的价值，这种特殊商品就是劳动力。因此，劳动力成为商品，是货币转化为资本的前提，也是解决资本总公式矛盾的关键。这样，马克思就在劳动价值论和剩余价值论的基础上对资本的本质做出了阐释：资本就是能够带来剩余价值的价值，就是能够在运动中自行增值的价值。货币是在特定的经济条件下，在价值增值的运动中转化为资本的。

马克思还在劳动价值论和剩余价值论的基础上对社会总资本的运行规律进行了探讨。各个企业的资本就是个别资本，各个企业的资本又是互相联系的，因为每个企业在生产经营中都要从其他企业购买所需要的生产资料，又都要向其他企业销售本企业的产品。这种相互联系、相互依存的所有单个资本的总和，就是社会总资本，或称社会资本。循环与周转是考察单个资本运动的两个方面。而社会总资本运动的核心问题在于总产品的补偿问题。马克思认为，各种各样的社会产品，从实物形态上按其最终用途来看，可分为生产资料和消费资料两大类，其中的生产资料用于补偿生产中消耗掉的生产资料和扩大再生产，消费资料则用于资本家和工人的消费需要。因此，他把社会生产分为两大部类：生产资料（Ⅰ）和消费资料（Ⅱ）。从社会产品的价值形态来看，无论是哪一个生产部类，都是由 $C+V+M$ 构成的。所以，社会再生产要顺利进行，必须顺利地实现价值补偿和实物补偿。价值补偿是指社会生产投入的所有资本即 $C+V+M$ 所代表的货币值要再收回来；实物补偿是指资本家能够用补偿来的货币再去购买新的生产资料，这样才能开始新一轮的生产。马克思指出，简单再生产实现的条件是Ⅰ $(V+M)=$ ⅡC，社会资本扩大再生产的实现条件是Ⅰ $(V+\Delta V+M/X)=$ Ⅱ $(C+\Delta C)$，反映了在再生产过程中，社会生产和社会消费之间存在着密切的内在联系，表明两大部类的积累和扩大再生产是互相依赖、互为条件、相互制约的。如果生产过程中违背了这样的规律，经济危机就出现了。

二、在资本流通过程中说明了货币资本的循环与周转

马克思所说的货币资本是金融资本的前身。马克思将货币理解为人与人异化关系的表征，认为货币是人与人进行交换的中介，随着交换关系的发展却逐渐成为交换的目的，因而货币导致人与人交换行为的异化。马克思认为。货币只有在私有制的社会形态下才会发展为经验的交换关系的媒介。在《资本论》第一卷中，马克思探讨了商品和货币的内在联系以及价值、交换价值、价格之间的关系，从商品的内在矛盾入手解决了货币的起源问题，详细说明了货币的价值尺度、流通手段、贮藏手段、支付手段和世界货币的职能，并阐发了他关于货币拜物教的思想。资本是货币的完成形式，资本能够通过与劳动交换，以流通为前提、在流通中并通过流通保存自己。

马克思指出，产业资本的循环要经过购买、生产、销售三个阶段，相应地产业资本要采取货币资本、生产资本、商品资本三种职能形式。经过生产阶段，资本不仅在形态上发生了变化，由生产资本转化为商品资本，而且资本在数量上也发生了变化，即发生了价值增值。在销售阶段，资本从生产领域回到流通领域，把由生产阶段生产出来的包含着剩余价值的商品卖出去，实现价值与剩余价值。货币资本、生产资本和商品资本不是独立的三种资本形式，而是产业资本在循环过程中分别采取的三种职能形式。现实的产业资本循环是连续不断进行的。资本循环和资本周转都是资本运动的形式。资本循环理论是从资本运动的连续性方面，揭示价值增值是怎样在产业资本的循环运动中发生和实现的；而资本周转理论则是从资本运动的速度方面，揭示资本周转快慢对剩余价值生产的影响。

货币资本是产业资本的一部分。当资本的一部分转化为货币，以便随后再转化为商品时，它的另一个部分同时转化为商品，以便再转化为货币。纯粹技术性的收付货币业务，本身形成一种劳动，它在货币执行支付手段职能的时候，使结算和平衡的工作成为必要。“这种劳动是一种

流通费用，是一种不创造价值的劳动”。① 当这种劳动由特殊的代理人或资本家替其余的政策资本家阶级负担起来时，货币经营业和货币资本家就产生了。“一旦借贷的职能和信用贸易同货币经营业的其他职能结合在一起，货币经营业就得到了充分的发展，而这种情况即使在货币经营业的最初时期也总会发生”。②

三、在资本主义经济的总过程中说明了生息资本和信用制度的性质和作用

最初，货币资本只是单纯地作为货币，也就是作为商品（生产要素）的购买手段来发生作用。这种货币之所以是资本的一种形式，并不是由于购买的行为，也不是由于它在这里实际上执行的货币的职能，而是由于这个行为同资本总运动的联系，是资本主义生产过程的先导。随着资本经营业的充分发展，生息资本从一般的货币资本当中分离出来，其独特性在于：“要把自己的货币作为生息资本来增殖的货币所有者，把货币让渡给第三者，把它投入流通，使它成为一种作为资本的商品；不仅对他自己来说是作为资本，而且对别人来说也是作为资本；它不仅对把它让渡出去的人来说是资本，而且它一开始就是作为资本交给第三者的，这就是说，是作为这样一种价值，这种价值具有创造剩余价值、创造利润的使用价值；它在运动中保存自己，并在执行职能以后，流回到原来的支出者手中，在这里，也就是流回到货币所有者手中。”③ 货币资本家事实上让渡了一种使用价值，利息便是产业资本家或商业资本家为购买这种使用价值而支付的价格。资本的产品是利润。利息的高低是由生息资本所生产的剩余价值量来决定的。

马克思认为，利润如何分割为利息和产业资本家获取的利润是由供求来调节的，这一点与商品市场上竞争调节价格是一样。“在生息资本的场合，一切都表现为外表的东西：资本的预付表现为资本单纯由贷出者

---

① 马克思：《资本论》第3卷，人民出版社2004年版，第352页。
② 马克思：《资本论》第3卷，人民出版社2004年版，第356－357页。
③ 马克思：《资本论》第3卷，人民出版社2004年版，第384页。

手中转移到借入者手中；已经实现的资本的回流，表现为借入者单纯把资本连同利息归还或偿还给贷出者。这也适用于这个资本主义生产方式所固有的这样一种性质：利润率不仅由一次周转所获得利润和预付资本价值的比率决定，而且也由这个周转时间本身的长短决定，也就是说，它是作为产业资本在一定期间内提供的利润来决定的。这个事实在生息资本的场合也表现为完全外表的东西，好像一定数额的利息是为一定的期间而支付给贷出者的。”① 马克思的这一论述强调了产业资本对于生息资本的决定性作用，即实体经济才是经济增长的根本。

信用制度与货币经营业的发展联系在一起。银行家把借贷货币资本大量集中在自己手中，成为货币资本的总管理人。银行一方面代表货币资本的集中即贷出者的集中，另一方面代表借入者的集中。在马克思生活的年代里，贷放主要是通过汇票的贴现——使汇票在到期以前转化成货币——来进行的，或者说，通过不同形式的贷款，如以个人信用为基础的直接贷款，以有息证券、国家证券、各种证明商品所有权的单据、各种股票作抵押的贷款等来进行的。“用未售的商品作担保得到贷款越是容易，这样的贷款就越是增加，仅仅为了获得贷款而制造商品或把制成的商品投到远方市场去的尝试，也就越是增加。”② 马克思列举了1845—1847年的英国商业史例子，说明这样做的结果会导致到处充满欺诈，信用的过度膨胀造成市场商品大量过剩和崩溃。马克思在《资本论》第三卷第二十七章中对信用在资本主义生产中的作用进行了详细论述。马克思指出，信用制度是资本主义生产方式在资本主义生产方式本身范围内的扬弃，生产出了一种新的金融贵族，一种新的寄生虫。“信用制度固有的二重性质是：一方面，把资本主义生产的动力——用剥削别人劳动的办法来发财致富——发展成为最纯粹最巨大的赌博欺诈制度，并且使剥削社会财富的少数人的人数越来越减少；另一方面，造成转到一种新生产方式的过渡形式。”③ 这种“新生产方式”便是以垄断金融资本为主导

① 马克思：《资本论》第3卷，人民出版社2004年版，第399页。
② 马克思：《资本论》第3卷，人民出版社2004年版，第458页。
③ 马克思：《资本论》第3卷，人民出版社2004年版，第500页。

的资本主义生产方式。一百多年后，在经历了周期性的经济动荡和破坏性极大的金融危机之后，马克思的这一段话读起来依旧令人掩卷深思。

四、在生产过剩的基础上说明了货币危机和信用危机

马克思认为，在物物交换的形式下，买和卖同时发生，因此不存在产生危机的因素。危机作为生产和消费失调的现象，是随着商品交换而产生和发展的。当人类社会进入以一般等价物为中介的间接的物物交换阶段，特别是当货币进入商品流通领域充当一般等价物（W—G—W）之后，情况发生了改变。在货币执行购买职能的过程中，买与卖的行为不同步，这样便潜伏了危机的可能性。随着货币的支付手段的出现，只要有一个人不能如期支付，就会导致一大批人无法支付，从而进一步增大危机出现的可能性。

生产相对过剩是消费相对不足的另一种表述方式。消费是分配结果的体现，收入差距的变化对消费具有直接的影响。收入分配差距推动了消费品结构升级替代的进程，对于经济发展具有一定的支持作用。逐步拉开的收入差距，为改变消费结构、加大高级消费品的比例提供了一定的拉力。但是，当经济发展带动经济规模增大到一定程度后，经济增长的继续实现就不可能依靠一部分高收入者对高级消费品的消费来带动了，而是要求更多的人能够消费得起高级消费品。当代资本主义社会收入分配不平等的程度加深，严重地制约了消费需求的进一步提高，生产与需求之间的矛盾日益明显。西方经济从 20 世纪 60 年代以后有明显的金融化倾向。从上世纪 70 年代以来，美国统计的小时实际工资基本上没有变化，但是生产出来的东西（比如房子）要卖掉，所以在这种情况下，就要进行金融创新，结果是把不足的有效需求放大。金融化倾向通过放大需求维持增长，让没有钱的人假装有钱来买房子，最后泡沫就破了，这就是过剩危机的直接导因。

为了刺激大众的需求，为了提高有消费需求人群的支付能力，信用手段产生并扩展开来。也就是说，收入对需求的约束软化了，可以提前用未来的收入来消费。但是，一旦这个“未来”到来的时候，很多人还

不起贷款了，信用体系就破裂了。银行等金融机构一旦崩溃，社会经济将一团大乱。企业借不到钱来扩大自己的生产规模，这都是其次；更为严重的是，金融债券的价格大跌，很多人的财产一夜之间就化为乌有。

五、马克思金融资本理论的当代意义

从方法论上来说，马克思的金融资本理论是一种“生产决定论”。马克思认为，社会再生产的四个环节互相联系，其中生产环节起支配作用。货币是商品货币价值的表现形式，而商品价值的实体是人类劳动。后来的货币虽然脱离了价值的实体从而虚拟化了，后来的金融体系虽然具有了日益重要的地位和作用，但是，无论其形态和功能多么复杂，在本质上仍然只是价值的外在表现，货币和金融本身并不创造价值，只能以生产过程中生产的物品和创造的价值以及在此基础上形成的社会再生产过程为基础。金融资本是资本的纯粹形式，进一步加深了资本主义基本矛盾，加剧了经济危机爆发的可能性。

从具体内容上来说，马克思的金融资本理论对于分析当代资本主义经济的金融化和虚拟化有着很大的指导意义。马克思以产业资本的运动为框架，透彻分析了生息资本、信用制度和虚拟经济生成的根本原因，他的观点依旧为理解今天金融资本的发展提供着强有力的理论工具。马克思强调实体经济是经济增长的根本动力，认为只有再生产才能达到资本增殖的目的。金融资本的增殖若没有促进实体经济的发展则完全是虚拟的，因此必须清晰的认识到虚拟增殖的虚假性，处理好金融资本与实体经济间的关系。由于在繁荣时期，金融资本领域的利润会逐渐加大，实体经济的利润增速则比不过金融资本，如若不加以控制和引导，社会资本会为了追逐更高的利润纷纷进入虚拟资本市场。实体经济的发展在这一过程中受到很大的阻碍，金融市场的危机导致大量社会资本的蒸发，这反过来又对实体经济的发展产生了更加不利的影响。马克思的金融资本理论还强调生产和消费需求之间要保持一定的比例关系，生产的相对过剩是资本主义历史上多次经济危机的直接导因。信用制度的创新也大大掩盖了实体经济中需求不足的现状，生产对消费不足的反映往往是迟缓了，因此通常信用断裂后生产也会出现衰退，实体经济危机才会表现出来。单个社会资本的投资具有一定的盲目性，只会向利润较多的领域进行投资。如果社会一味地追逐虚拟资本的迅速增殖，则很容易导致严重的经济危机。马克思认为虚拟资本中能够最终促进实体经济发展的资本是有利于资本增殖的，但是仅仅追逐自身增殖的虚拟资本则只能制造泡沫而非真正的资本增殖，最终只会导致虚拟市场的崩溃进而产生经济危机。因此必须通过政府或者其他监管机构来对整个社会的资产投资进行宏观指导，去维护好实体经济和虚拟经济之间的关系，务必加强金融领域的监管。

第二节　马克思主义金融资本理论的发展

实践是检验真理的唯一标准。经济实践的发展使人们逐渐认识到，马克思的货币理论是货币理论史上的一个光辉的里程碑，它继承和批判了资产阶级古典经济学的货币理论，发展到了当时历史条件下的顶点。但随着历史条件的变迁，他的理论不能完全解释现实中发展着的经济事实。在新的历史条件下包括金融资本理论在内的马克思的货币理论得到了新的发展。

一、希法亭的金融资本理论及其当代意义

在《金融资本》一书的序文中，希法亭规定了自己的研究任务。他说："本书试图科学地阐明最近资本主义发展的经济现象。……一方面表现为由于卡特尔和托拉斯的形成导致‘消灭自由竞争’，另一方面表现为银行资本与工业资本之间日益紧密的联系。……由于这种关系，资本便采取自己最高和最抽象的表现形式，既金融资本形式。"①

① ［德］鲁道夫·希法亭，福民等译：《金融资本——资本主义最新发展研究》，商务印书馆 1994 年版，第 1 页。

希法亭认为，理论经济学的任务是研究交换的规律，只有在这一基础上，才能正确说明经济现象。很明显，这是一种典型的流通决定论，完全背离了马克思的生产决定论。希法亭明确指出，对金融资本的研究应从流通领域入手，首先阐明货币问题，然后才能理解信用；而理解了信用，才能说明银行资本和产业资本的关系，从而最后说明金融资本。他把金融资本定义为归银行支配和由产业资本家使用的货币形式的资本："产业对银行的依赖，是财产关系的结果。产业资本的一个不断增长的部分不属于使用它的产业资本家了。他们只有通过代表同他们相对立的所有者的银行，才能获得对资本的支配。另一方面，银行也不得不把它们资本的一个不断增长的部分固定在产业之中。因此，银行在越来越大的程度上变为产业资本家。我把通过这种途径实际转化为产业资本的银行资本，即货币形式的资本，称为金融资本。"① 这一定义的缺陷在于不是把金融资本看作银行资本与产业资本的有机结合，而是把它归结为银行贷给产业的货币资本。对金融资本的这种理解，促使希法亭从货币开始探索金融资本产生的历史。他明确指出，高利贷资本、银行资本和金融资本是一个否定之否定的发展过程。"黑格尔派会说这是否定之否定：银行资本是对高利贷资本的否定，而银行资本自身又被金融资本所否定。后者是高利贷资本和银行资本的综合；在一个无限高的经济发展阶段上，它占有社会生产的成果。"②

希法亭十分注重交换，强调交换在私有制经济关系中的重要作用，并认为货币是商品交换的产物。希法亭认为，货币的必要性是商品内在矛盾发展的结果，是从商品生产社会的无政府状态和社会联系必然性之间的矛盾中产生的。在货币产生的问题上，希法亭贯彻了马克思的理论。随着经济的发展，金银最终被纸币所代替。希法亭推导出纸币量的决定公式，即商品价格总额与同名货币的流通次数之商。这一纸币流通公式

---

① ［德］鲁道夫·希法亭，福民等译：《金融资本——资本主义最新发展研究》，商务印书馆 1994 年版，第 252 页。

② ［德］鲁道夫·希法亭，福民等译：《金融资本——资本主义最新发展研究》，商务印书馆 1994 年版，第 254 页。

强调纸币的价值由商品价值总额来决定，已经和金银等金属货币相脱离。希法亭摆脱了金属货币的限制，论证了与金属货币完全脱离关系的纯粹纸币的流通规律。问题在于，这里的“商品价格总额”同“商品价值总额”一样都是既定的吗？马克思曾经提出过商品价值总额既定的观点。但在提出这一观点之前马克思做了理论上的抽象。理论抽象意味着马克思提出这种观点时，舍弃了许多可能发生作用的其他因素及变动关系，其考察的重心仅仅放在生产领域，仅仅在“价值决定”而不在“价格形成及表现”上。希法亭认为，由于货币的价值是经常波动的，因此纸币的价值也是经常波动的，从而商品价格总额是波动的，由此造成到纸币量的波动。因此，从这一点来说，希法亭进一步发展了马克思的纸币价值理论，完成了马克思没完成的从抽象上升到具体的任务。

希法亭在马克思将资本主义信用区分为商业信用和银行信用的基础上，概括了资本主义最新发展的状况，又将银行信用按使用目的区分为流通信用即代替商业信用的银行信用和资本信用即向生产资本家提供新资本的银行信用，同时还进一步将资本信用按资本回流方式区分为流动资本信用和固定资本信用，通过这些概念的提出和分析，阐明了银行资本和产业资本利益的趋同和关系的密切化。他指出，随着资本主义的进一步发展，银行职能和信用也发生了变化，其主要职能由支付中介向将闲置货币转化为货币资本的中介演变，信用则由流通信用向资本信用倾斜，以及在资本信用内由流动资本信用向固定资本信用倾斜。银行与产业之间的利害关系由暂时变为持久，越来越多的银行资本长时间地渗透和束缚在产业之中。随着这种趋势的发展，银行对产业的影响和控制能力日益扩大，而产业对银行的依赖也相应加强。希法亭的这一概括不仅反映了从自由竞争向垄断过渡时期的特点，而且一定程度上也与当前的时代特点相契合。

希法亭在写作《金融资本》时作为马克思主义者，对帝国主义必然灭亡和社会主义必然胜利做出了论证。他指出，金融资本通过少数最大的资本集团控制了整个社会生产，生产的社会化达到资本主义所能允许的最大限度，使通过剥夺克服资本主义变得简单易行，从而为社会主义创造了物质条件。另一方面，金融资本明目张胆地攫取国家政权，把国家变成为自己剥削利益和推行帝国主义政策的工具。希法亭认为资本主义发展的最高阶段为金融资本阶段。在经济和政治权力高度集中于金融寡头的金融资本时代，必将爆发伟大的无产阶级革命。但是，就资本的发展逻辑而言，金融资本并不是资本主义的最高形态。资本的历史形态分别为：商业资本、生息资本、产业资本、金融资本和虚拟信用资本。随着历史的发展，或者还有其他别的形式。金融期货及指数化金融产品空前繁荣，股票衍生出股票期权、期货合约或股票指数期权期货合约等，与同一套实物资本相对应的可能是几套甚至几十套虚拟资本，虚拟资本的“独立性”更强了。金融资本主导并决定了资本主义的整个经济运动，从金融资本主导产业资本运作这个历史潮流看，希法亭的预言是正确的。

在当代，希法亭的金融资本理论对于正确处理银企关系、引导资本市场的合理发展等仍具有一定意义。希法亭虽然对马克思主义经济理论做出了重要发展，但也存在理论上的错误。由于这种错误，使他不能够理解帝国主义的真正本质，没有把生产集中引起垄断作为金融资本产生的最深厚的基础和更深刻的原因揭示出来。希法亭错误的起点，在于他的分析是从流通出发的。马克思始终一贯地把生产关系作为分析资本主义的基础。而希法亭则把交换和流通看作是本质的东西。价值理论是马克思货币理论的直接前提。马克思从商品中所表现出来的劳动二重性出发，发现了价值的质的特点。而希法亭在《金融资本》中阐述价值理论时，只对价值做出了量的解释。

二、列宁的金融资本理论及其当代意义

列宁在《帝国主义是资本主义的最高阶段》中对希法亭关于金融资本的定义提出了批评：“这个定义不完全的地方，就在于它没有指出最重要的因素之一，即生产和资本的集中发展到了会导致而且已经导致垄断的高度。”[①] 随后，列宁给出了自己对金融资本的定义：“生产的集中；

---

① 《列宁选集》第2卷，人民出版社1995年版，第613页。

由集中而成长起来的垄断；银行和工业的溶合或混合生长——这就是金融资本产生的历史和这一概念的内容。”① 列宁认为，希法亭虽然认识到了垄断的存在，但并没有把它纳入金融资本形成机制之中，更没有将垄断放在基础和首要的位置。希法亭错误的根源在于其方法论，即流通决定论：宣称纸币本身便具有价值，认为经济危机源于流通领域，强调工业资本对银行的依赖，实际上将金融资本等同于银行资本。

为了分析金融资本的形成，列宁首先分析了当时银行业的新作用。随着资本主义的发展，银行作为信贷中介人的活动范围日益扩大起来。一方面，资本积累使大量的资金集中于银行，特别是大银行集中了大量的存款。另一方面，生产的发展需要大量货币资本，这只有大银行才能提供，客观上产生了对银行业集中的需要。与此同时，银行之间的竞争日益加强，列宁引用大量的经济数据说明银行通过直接吞并小企业，或以债务关系体系来联合它们、征服它们，吸收它们加入自己的康采恩，由中介人的角色转变成为势力强大的垄断者。列宁指出，在垄断形成之前，银行主要从事负债业务、资产业务以及中间业务；随着资本的集中和银行周转额的增加，银行的作用由此被根本改变，由普通的中介人变为万能的垄断者，实现了对工业的控制。列宁认为，银行垄断逐渐形成的过程，即银行资本和工业资本的融合过程，也就是金融资本的形成过程。

金融资本的统治，包括对经济和政治生活的全面控制。列宁指出：“资本主义的一般特性，就是资本的占有同资本在生产中的运用相分离，货币资本同工业资本或者说生产资本相分离，全靠货币资本的收入为生的食利者同企业家及一切直接参与运用资本的人相分离。帝国主义，或者说金融资本的统治，是资本主义的最高阶段，这时候，这种分离达到了极大的程度。金融资本对其他一切形式的资本的优势，意味着食利者和金融寡头占统治地位，意味着少数拥有金融‘实力’的国家处于和其余一切国家不同的特殊地位。”② 列宁的这一段话对于阐释今天美国在国

① 《列宁选集》第 2 卷，人民出版社 1995 年版，第 613 页。

② 《列宁选集》第 2 卷，人民出版社 1995 年版，第 624 页。

际金融体系中所占据的支配性地位再合适不过了。在垄断金融资本主义条件下，金融资产占有的不平等，资本市场大量投机行为的扩大效应，不仅增加了一国范围内的不平等，也是产生新的国际不平等的根源。以国家垄断金融资本为主导的世界积累制度加强了资本主义的国际剥削。美国依靠其在国际金融体系中的支配权来支撑其经济。美国享受着征收铸币税的特权，而后果则由全世界来承担。由于美元和发达国家货币的优势地位，国际投资领域形成了有利于发达国家的格局。以美元为主导的国际金融体系迫使除美国以外的所有国家不断增加外汇储备。这种外汇储备很大部分投资于美国国债，它刺激了美国的过度消费，繁荣了美国经济。由于日本、中国和韩国等向美国出口产品，目前这些国家的银行存款已经在以美国财政部发行的债券的形式增长。这就为这些银行向美国资本所有者和消费者贷款提供了基础，也为美国的跨国公司进行国外投资提供了基础。

列宁强调，垄断是金融资本产生的基础，金融资本在国内经济和政治上占据统治地位之后，必然要求对外扩张。以金融资本为工具，少数食利国家取得了国际垄断地位，将全球纳入资本主义世界体系，对世界上绝大多数居民实行殖民压迫和金融扼杀。列宁特别强调金融资本在资本主义进入帝国主义阶段过程中所起的作用："金融资本同它相适应的国际政策，即归根到底是大国为了在经济上和政治上瓜分世界而斗争的国际政策，造成了许多过渡的国家依附形式。"① 在当代，正如列宁所预言，国际货币基金组织的目标就是向国外扩展美国的金融力量。美国将美国式的开放市场准入作为向贫穷国家进行国际援助的前提条件。作为接受援助的回报，这些国家必须采取与美国一致的制度安排，由此而被迫将自己置于垄断资本所拥有的超级力量的摆布之下。将最贫穷的国家拉入资本循环体系，使其成为剩余资本的“接收器”，很多国家都由此陷入了“债务陷阱”。那些接收国将不得不因资本贬值而付出代价，而那些债权国则会避免资本贬值的损害。于是，债权国所造成的金融危机的恶果在一定程度上由接收国承担。金融危机成了输出局部性和区域性

① 《列宁选集》第2卷，人民出版社1995年版，第647－648页。

资本贬值和资本耗损的行为。从地缘政治上讲，西方发达国家已经没有殖民地，但是借助于金融资本的输出和扩张形成了没有殖民地的殖民主义，这是造成新帝国主义战争的根源。

列宁的金融资本理论是对马克思主义金融资本理论的重大发展，它把马克思主义的金融资本理论的发展推向了一个新的阶段，具有里程碑的意义。列宁继承和坚持了马克思的辩证法，从复杂的经济关系中抽象出垄断作为理论体系的出发点。在借鉴希法亭研究成果的基础上，列宁不仅强调了银行资本和工业资本的融合，同时也突出了银行资本的优势地位。列宁在垄断资本主义的基础上全面分析了金融资本的形成、本质以及影响，强调了垄断资本主义阶段金融资本的主导性地位及其所导致的资本主义的腐朽性。在当代，垄断金融资本对经济全球化的影响提醒我们，列宁的金融资本理论和帝国主义理论并未过时。当然，由于时代所限，列宁的金融资本理论并未预见到世界各国金融体系发展的复杂性。当代资本主义在诸多因素的影响下，不仅获得了生产力发展的新空间，也对生产关系进行了局部调整，在一定程度上缓和了矛盾，实现了新的发展。

三、美国垄断资本学派的金融资本理论

1966 年，美国马克思主义经济学家保罗·巴兰（Paul Baran）和保罗·斯威齐（Paul Sweezy）合著的《垄断资本：论美国的经济和社会秩序》（Monopoly Capital：an essay on the American economic and social order）（下文简称《垄断资本》）一书出版。随后，研究垄断资本主义的学术著作相继问世，影响不断扩大，以至于在美国马克思主义经济学研究领域形成了一个“垄断资本学派”。巴兰和斯威齐也就成为这一学派最初思想的创立者。在他们之后，还有哈里·马格多夫（Harry Magdoff）、哈里·布雷弗曼（Harry Braverman）、约翰·福斯特（John B. Foster）等马克思主义经济学家对垄断资本所做的研究问世。

在《垄断资本》一书中，巴兰和斯威齐以美国为例叙述了高度发达的资本主义，其主要特征是经济和社会秩序由大型的垄断（或寡头垄

断）公司主导。这一体系的核心特质是伴随着生产力不断提高而出现的剩余（价值）上升的趋势——对成熟的垄断性产业真实价格竞争的有效限制使这一现象成为可能。在这些条件下，约束经济的主要因素不再是剩余的产生，而是剩余的吸收，即有效需求的长期不足。剩余一般通过消费和投资这两种方式被吸收。巴兰和斯威齐指出，资本主义消费与资本本身的内在运动机制互相冲突。如果新增投资的预期利润相当微薄，公司一般也不会进行投资。这样的预期受到产业中生产能力利用的现有水平的影响；闲置工厂和设备的存在阻止了对更大生产能力的投资。而且，由于剩余上升的趋势一般都意味着真实工资的增长少于生产力的提高，即工人所受的剥削进一步加重，以工资为基础的消费相对于社会生产能力而言长期不足，结果使得富余生产能力进一步增加，净投资进一步萎缩。因此，在垄断资本主义条件下，长期增长趋势开始停止。所以，《垄断资本》一书得出了这样的结论：停滞是垄断资本主义经济的常态。

美国垄断资本学派学者约翰·福斯特、弗里德·马格多夫、迈克尔·耶茨等结合当代美国的经济形势和全球资本主义的发展状况，对垄断资本主义经济的停滞趋势、垄断金融资本在美国的形成与影响、垄断金融资本的全球化、垄断金融资本与资本主义发展的新阶段等问题进行了探讨，形成了颇具特色的垄断金融资本理论。该理论是对巴兰和斯威齐垄断资本理论的继承和发展，具有鲜明的时代性，为我们认识当代资本主义提供了新的思维角度和材料。

福斯特认为，增加现有资本商品的存量只是积累过程的一个方面，积累还包括增加金融资产的存量。资本积累过程的金融化成为对抗停滞的重要法宝。金融化可以被定义为资本主义经济重心从生产向金融的转移。在美国，生产或实体经济领域的弱增长被金融业的迅猛发展所掩盖。福斯特分析了垄断金融资本在美国的形成与影响。他指出，在成熟的现代资本主义生产体系中，工业制造等实业部门难以维持高水平的利润率，美国做出了新的回应，即扩大金融体系，推动债务经济的发展。由于制造业和服务业难以按 M – C – M’ 的公式获得利润，新型的投资方式出现了。它利用债务杠杆和类似泡沫的扩张，借助金融工具来获取高额投机利润。这并不是对社会生产能力的投资，而是旨在增加对财富的金融要求。福斯特指出，这是一种假想型“复苏”，结果是把利润留给自己，把债务留给公众。福斯特分析了美国工人真实工资下降与消费迅速增长并存的现象，指出工人家庭通过借债来维持其消费水平，推动了美国的经济增长，却背负了沉重的债务负担。福斯特认为，不平等的、以阶级为基础的收入分配是消费和投资的一个决定因素，这是资本主义经济无法回避的一种现象。消费品支出的多少取决于工人阶级的收入。①

福斯特关于债务经济的理论道出了金融危机出现的直接原因：信用一方面促进了资本主义生产的扩大，另一方面造成了一种虚假的需求，导致了资本主义生产的盲目扩大和投机活动，最终必然产生生产的过剩。这个时候会出现债务偿付危机，信用出现紧缩。停滞构成了垄断资本主义经济的潜在趋势，而金融业的发展不仅增加了资本的获利性，而且通过扩大信用刺激了有效需求的增加，是美国抵制过剩危机和经济停滞的主要对策之一。但是，金融化并不能解决生产领域内的停滞问题，相反在某些方面使其进一步恶化。金融相对于实体经济的增长也意味着金融泡沫破裂危机的出现。中央银行在遏制金融体系崩溃方面的作用越有效，爆发更严重危机的潜在危险就越大。这便是福斯特所说的“垄断金融资本时代经济停滞与经济金融化的共生关系”。滞胀和金融化的共生关系意味着每一次出现金融问题，中央银行都被迫介入以挽救脆弱的金融体系，以免作为一个整体的金融上层建筑崩溃，以免容易滞胀的经济进一步被削弱。这就导致了金融体系长期地、逐渐地失去管制，也导致了政府权威人士对金融创新的积极鼓励。

福斯特提出：“关于资本主义体系的经济运行方式，我们今天面对的最为复杂的问题是全球化问题。在世界资本主义经济的边缘国家，垄断金融资本与帝国主义、全球化以及金融化有着怎样的关联?”② 资本主义发展的一个重要方面是资本主义经济体系的地域扩张。全球化过程从殖

---

① 参见 John Bellamy Foster. *The Household Debt Bubble*. Monthly Review. May. 2006.

② John Bellamy Foster. *The Age of Monopoly – Finance Capital*. Monthly Review. Feb. 2010, pp. 1 – 13.

民主义时代开始，在20世纪继续发展，直到当前的多国公司统治阶段，从把世界分成复杂的民族国家等级体系的意义上说，全球化过程是以帝国主义的方式进行的。在此基础上，福斯特分析了垄断金融资本新阶段与帝国主义、新自由主义之间的特定关系。他认为，金融膨胀加深了垄断资本的停滞趋势，使美国国内工人状况恶化，在国际上导致了新帝国主义。这种新帝国主义是已经存在于新自由主义全球化中的趋势的延伸。福斯特指出："我们最好把今天的新自由主义当局视为垄断金融资本的政治——政策搭档。"① 它的目的是推动更加极端的剥削形式。因此，在"掠食国家"的支持下实施的新自由主义的积累策略，面对滞胀，在向金融部门提供更多的注入资金的时候，其目的首先是增加企业的利润。无论在何处，新自由主义的到来都意味着阶级斗争的激化，既有源于企业的阶级斗争，也有源于国家的阶级斗争。因此，新自由主义根本不是传统经济自由主义的复活，反而日益表现为全球规模的大资本、大政府和大金融的产物。

面对垄断资本金融化的新发展，福斯特提出了这样的问题：资本主义变化了吗？其演进是在他们所描述的垄断阶段内的进一步发展，还是已超越了垄断阶段呢？如果我们将资本主义的发展阶段——例如19世纪的竞争资本主义和20世纪的垄断资本主义——看作是经济转变创造出积累方式演变基础的动态时期，那么垄断金融资本似乎称不上是一个阶段。然而，资本主义体系中心的资本积累仍然陷于停滞，它越来越依赖投资性金融来维持其微乎其微的增长率。福斯特指出，资本主义发展到现有阶段，其经济体系的特征体现为停滞性增长和金融化的"双重现实"。"我认为这代表了两种可能性：（1）以'全球债务萧条和债务紧缩'形式出现的金融和经济危机；（2）垄断金融资本时代经济停滞与经济金融化的共生关系的延伸。"福斯特认为自20世纪60年代中期以来发生的变化具有二重性。一方面，资本主义体制还未找到一种解决其推动力即资本积累问题的前进方式，《垄断资本》一书中所描述的资本停滞现象更

---

① John Bellamy Foster and Robert W. McChesney. *Monopoly – Finance Capital and the Paradox of Accumulation.* Monthly Review. Oct. 2009, pp. 1 – 20.

趋恶化；另一方面，资本主义体制找到了复制自身的新方式，并且资本在这种停滞中通过金融资本的爆炸式增长获得了反常的兴盛。由此，福斯特得出结论："我暂且称这种体制的新混合阶段为'垄断金融资本'……垄断资本的金融化代表一个全新的历史时期。"①

以美国垄断资本学派的理论为代表的当代马克思主义金融资本理论表明，资本金融化能够推动社会经济的增长，也加剧了资本金融化的社会危机。这一观点比较准确地解释了当代资本主义经济的金融化和虚拟化等现象。需要指出的是，以福斯特为代表的当代美国垄断资本学派对于当代资本主义社会现实的批判虽有其合理性，但也存在着一定的片面性。在社会主义运动处于低潮的情况下，指出资本主义仍处在严重的危机之中当然是必要的，但是应该看到当代资本主义还有着广泛的发展空间。一些西方马克思主义学者和左翼思想家们在正确揭露和批判资本主义社会危机的同时，过高地估计了这种危机的严重性，似乎资本主义社会的生产关系已经完全不适应生产力的发展了。"两个必然"和"两个决不会"的科学论断是马克思考察人类社会发展的一般规律和资本主义社会发展的特殊规律得出的基本结论。只有资本主义以私人占有为根本特征的生产关系严重束缚、制约着现代化的社会大生产，并且与现代化的社会大生产具有根本不可调和的矛盾时，现代化的社会大生产才会冲破资本主义的私人占有关系。只要资本主义社会形态、资本主义生产关系还给现代化大生产的发展留有空间，资本主义就会表现出一定的活力。

第三节　从"占领华尔街"运动看垄断金融资本的发展

2011 年 9 月，上千名示威者聚集在美国纽约曼哈顿，发起了名为"占领华尔街"（Occupy Wall Street）的和平示威活动，通过和平静坐等

---

① John Bellamy Foster. *The Age of Monopoly – Finance Capital*. Monthly Review. Feb. 2010, pp. 1 – 13.

形式，声讨华尔街金融业者。示威者在纽约证券交易所等华尔街金融机构外举标语、喊口号，抗议华尔街“贪婪”无止境、指责政府救助少数金融机构而使多数人陷入经济困境。“占领华尔街”运动再次唤起了人们对资本主义“向何处去”这一问题的思考。

一、“占领华尔街”运动：抗议与诉求

2011 年 9 月 17 日在纽约华尔街附近爆发的“占领华尔街”示威抗议活动虽然没有统一的领导，不同的团体有着不同的诉求，但却成功地传播了美国 1% 的富人牺牲了 99% 的其他人利益的理念，也暴露出了美国在经济、政治和社会领域中存在的诸多深层次问题。有专家指出，这可能是上世纪 60 年代美国民权运动以后第一次影响比较大的社会抗议运动。这次抗议活动最初由一家名为《广告克星》的网络杂志发起，其口号为“占领华尔街”。一小群抗议者中绝大多数为 30 岁以下的年轻人，很多人来自美国左翼以及弱势群体。

在美国宪法日 9 月 17 日，示威者在华尔街手举标语，头戴面具，喊着口号，抗议华尔街的贪婪，指责政府为救助少数金融机构而使多数人陷于经济困境，“占领华尔街运动”正式开始。在较短的时间内，声称代表 99% 美国普通民众的这场运动已经渐显燎原之势，抗议浪潮迅速向西雅图、洛杉矶、芝加哥、华盛顿等 50 多个大城市和上百个小城市蔓延，出现了“占领芝加哥”和“占领华盛顿”等类似的活动。这出乎很多人的预料，运动的最初发起者可能也没有预料到其发展态势如此之快。持续的抗议活动已得到部分工会组织和学生的支持，美国国内有超过 70 所大学的学生参与抗议活动。后来，尽管这场运动的声势比开始阶段逊色，但“占领”运动仍在延续，它已经成为金融危机后欧美发达国家群众运动的主要标志。

随着抗议人数和规模日益扩大，抗议活动迅速蔓延到美国全国，甚至扩散到了世界其他地方。“占领华尔街”示威活动是抗议华尔街大金融机构贪婪无度、缺乏自律，敦促这些机构为危机负责，敦促政府加强对金融机构的监管。示威者举着“我们代表 99% 的社会”的牌子，喊着

"华尔街需为一切危机负责""向华尔街征税""我们要工作"等口号。示威者认为，1%最富有的人群掌握着社会财富的40%，却没有承担相应的责任。华尔街是导致2008年金融危机和目前经济困境的始作俑者，却得到了政府的巨额救助，而让危机的"苦果"由纳税人承担。有研究者从100条具有代表性的"占领华尔街"运动的标语口号中归纳出美国民众的十大诉求：控诉金融领域的贪污腐败，要求加强金融监管；控诉经济不平等现象，要求缩小贫富差距；控诉社会不公，要求社会公正；控诉失业上升，要求增加就业岗位；控诉人民权利被剥夺，要求还权于民；控诉钱权政体，要求民主政体；控诉警察暴行，要求保护和服务公民；控诉对外战争，要求人类和平；控诉环境污染，要求保护环境；控诉资本主义制度的危机和欺骗，要求推翻资本主义制度。①

"占领华尔街"运动是当前美国社会矛盾的真实写照，说明金融危机以来美国政府和监管当局推出的经济、金融改革措施让人大失所望，美国普通民众对经济低迷、贪腐横行、就业艰难、前途无望的愤怒已积聚到需要爆发的程度。从表面上看，"占领华尔街"运动是美国金融业矛盾的一个总爆发。深究起来，"占领华尔街"运动实质上是资本主义根本矛盾的集中表现。

二、华尔街投资银行的"虚拟化"运作

曾几何时，华尔街只是一条栽有梧桐树的泥泞小街，但是就在荷兰殖民者建造的这面"墙"的后面的街道上，雨后春笋般地冒出了大量为各种贸易交易服务的机构。自1792年华尔街正式起步至今，它已经经历了200多年的风雨，创造了一个又一个奇迹，最终从一条普普通通的小街发展成为全球金融中心。从美国的西部开发到伊利运河的修建，从铁路的兴起到南北战争，在美国经济发展的每一个阶段，华尔街都一直在提供源源不断的资金，为美国经济的发展立下了汗马功劳。可以说，华

---

① 参见谭扬芳：《从"占领华尔街"运动的100条标语口号看美国民众的十大诉求》，载《思想理论教育导刊》2012年第5期，第68-71页。

尔街的历史就是资本主义发展的活教材。

20世纪60年代，华尔街在强劲的市场下重新振作，可是在与联邦政府斗争的过程中，华尔街的实力还是有所下降。约翰逊和尼克松政府奉行的反垄断政策表明，金融和工业并没有摆脱束缚，经济权力的集中和反竞争行为依然被严格监管。在美国工业转型期，华尔街一直扮演着融资者的角色。20世纪五六十年代是美国经济发展的黄金时期。投资银行业、证券销售业的竞争已经成长得非常成熟，越来越多的人加入到投资大军中去，越来越多的国外资本也纷至沓来。但市场的波动也越来越明显，股市对外界的影响也日益敏感。20世纪70年代，为了规避股票和债券投资承担的风险，一些新的金融产品在美国渐渐崭露头角。华尔街出现了非股票和债券的另外的投资产品，这些金融衍生工具本来就是为保护传统金融产品而被创造出来的。

美林、雷曼兄弟、贝尔斯登、高盛和摩根士丹利这五大投资银行是华尔街耀眼的明星，见证了华尔街的起起落落。投资银行虽然来源于商业银行，但是两者之间存在很多不同之处。商业银行所办理的主要业务是吸收储蓄、发放贷款，在存款和贷款之间利用回报利差作为利润来源。投资银行不吸收储蓄，也不办理贷款业务，其主要业务是证券发行、证券交易、担任企业的财务顾问等。由此可见，投资银行面临更大的风险，几乎完全脱离实体经济，其虚拟化程度更高。1933年以前，美国在商业银行和投资银行的划分上还没有明显的界限。普通银行不但可以进行存贷款业务，还可以对外销售股票和债券。因此，美国很多银行都拿着客户存入的钱在股市上进行投机行为。经历了“大萧条”之后，美国颁布了《1933年银行法》，又称《格拉斯—斯蒂格尔法案》。法案对投资银行和商业银行的具体业务进行了严格的划分，从而规避了商业银行在证券业的风险。至此，美国金融业中银行、证券分开经营的模式形成。摩根士丹利就是在这一法案实施后，从摩根大通公司划分出来专门从事证券业的投资公司，而摩根大通公司继续从事之前的银行业务。几十年来，由于商业银行的业务受到法案的限制，因而美国金融投资领域的“蛋糕”被投资银行独享。被称为“华尔街五巨人”的美国五大投资银行凭借自己的超凡实力而迅速崛起。1998年，在商业银行的强烈抗议和极力游说下，《格拉斯—斯蒂格尔法案》被国会废止，商业银行重新开始投资业务。然而五大投资银行在前期发展中已经积累了长足发展的实力，因此在金融投资领域，商业银行作为后来者也只能望其项背。

华尔街的投资银行在金融领域首先向股东大肆举借现金，然后将这些现金投入到一些规模较大的有价证券投资组合中。同时，投资银行雇佣了一批优秀的数学家和物理学家，要求他们依据现代金融理论体系，设计了大量形态各异的产品模型，然后对原本根本无法科学定价的风险进行定价。之后，投资银行向这些产品投入资金，这些产品就是金融市场的衍生品，投资银行对金融市场实施杠杆操作。因此，它们只需要极少一部分保证金，就可以买到大量的产品。只要市场的发展趋势能够顺应该产品的走向，那么投资银行就可以用极低的成本获得超高的利润。华尔街五大投资银行正是凭借这样高度“虚拟化”的投资模式，成为华尔街同行中的领军人物。它们对公司经营、国家经济、世界经济的评论在全球经济领域都有着举足轻重的作用。

“华尔街五巨人”创造了丰厚的利润，创造了“造富”的金融神话。如今，这个神话破灭了。2007 年美国次贷危机来袭后，美林、雷曼兄弟和贝尔斯登三大投资银行倒下了。仅存的两大投资银行——高盛和摩根士丹利也在 2008 年 9 月宣布将转为商业银行，这意味着华尔街投行时代已经走向衰落。次贷问题暴露出来以后，各金融机构纷纷抛售次级债，却无人敢接，而美国所有的投资银行都是靠借钱来维持日常运营，市场上流动性不足的局面，让依靠举债的投资银行无法从短期货币市场借到资金，而投资银行本身又没有存款业务，资金链一旦断裂，倒闭就在所难免了。华尔街投资银行的“虚拟化”模式造就了它的金融神话，但同时也是它走向衰落的真正推手。

美国经济的发展是一个不断“试错”的过程。起初美国的资本主义市场经济是完全处于自由状态的，在金融监管缺位的情况下，市场投机者的破坏力是难以估量的。杰斐逊主义者关闭了合众国银行，使得美国政府在长达 150 年的历史中都没有调控货币政策的手段，这也使得美国在历史上经历了比其他国家更加剧烈的经济震荡。由于华尔街缺乏一个健全的中央银行金融体系，致使美国资本市场在很长一段时间里都处在一个自我演进、自我探索、自我修复的过程之中，在这一过程中，不可避免地会有很多股市甚至是金融体系的崩溃。而股市或金融体系的每一次崩溃，都会给经济带来沉重的打击，使得全社会为之付出高昂的成本。华尔街留给后人最大的历史教训之一就是一个国家要有一个强有力的中央银行，这样才能维护投资者对市场的信心，减少股灾对经济的危害，而且所制定的规则有助于维护金融市场的秩序。

金融监管强弱的变化其实就是监管者与被监管者两者的利益博弈中不断交替的过程。自金融危机爆发后，金融监管的改革和强化也必然会受到被监管者的质疑和挑战，并将是一个不断讨价还价的过程。从维护美国经济金融竞争力的角度来看，华尔街与美国政府在根本上又是利益共同体，因此“斗而不破”是原则底线。时任美国总统奥巴马曾对华尔街进行安抚，称政府推动的金融监管改革不是“零和对局”，并非就是华尔街受损、大众受益。奥巴马一再强调，美国银行业一直在美国经济中扮演着关键性的角色。政府的很多政策决策者就是华尔街领军企业高盛的代表人物，如前财政部长亨利·保尔森本身就是华尔街的高管；而政府官员的归宿，很多也在待遇丰厚的华尔街，如前财政部长罗伯特·鲁宾曾担任花旗集团董事长。让华尔街投资者们长舒一口气的是，奥巴马上台后的新法案并没有像他们设想的最坏结果那样完全禁止银行进行衍生品交易。

三、垄断金融资本的发展与赌场资本主义的兴起

“宇宙的主导者”这一称呼适用于华尔街的所有巨头，但最适合“主宰者之王”这一称谓的非高盛莫属。高盛成立于1869年，自封为“全球领先的投资银行、证券及投资管理公司，服务范围遍及全球”。自1999年上市以来，高盛公司通过对银行、保险以及债权业务的整合，成为了一支对冲基金，凭借客户的充分信任和华盛顿的庇护进行反向交易，赚取丰厚的利润。在加尔布雷斯1954年出版的著作《大崩盘》（The Great Crash）中，有一章名为“我们信任高盛”，讲述的是高盛通过将风险投资信托基金销售给毫无防备的买主而酿成了大萧条。高盛与其他公

司一起助推了股票的投机热潮，用其他人的资金赚取了高额的杠杆化资本收益。这些手段与金融史上最大的诈骗案“麦道夫骗局”如出一辙，都是具有欺诈性的传销。通过操纵一只对冲基金，给投资者造成了至少500亿美元的损失，麦道夫制造了华尔街乃至全球金融界最大的欺诈案。让麦道夫“成功”的是犹太人的智慧，而让他英明扫地的是一个意大利式的骗局——庞式骗局。

庞氏骗局以意大利投机商人查尔斯·庞齐的名字来命名。1919年，庞齐欺骗投资者向一个原本不存在的企业投资，并且向投资者许诺在三个月内他们将会得到40%的利润回报。庞齐凭借“新债还旧债”的骗术，把新投资者的钱作为快速盈利付给最初投资的人，来回兜转这些资金，给予他们高额的回报，以诱使更多人投资，后人把这种欺诈方式称为庞式骗局。这种拆东墙补西墙的方式往往具有非常大的灾难性。麦道夫就是以高额回报率为许诺，骗取投资者投资，用后来投资者的投资偿还给前期投资者进行的欺骗行为。华尔街金融危机全面爆发，才使其最终暴露出来，否则它还将继续骗取更多人的金钱。

高盛一手构建并销售了伪造的抵押债务证券（CDO），该证券的价值依次级住宅抵押证券（RMBS）的表现而定。高盛未能将有关抵押债务证券的重要信息透露给投资人，尤其是主要对冲基金在投资组合选择过程中发挥的作用，以及对冲基金做空了抵押债务证券这一事实。2007年，因为正确下赌房地产市场将会崩盘（崩盘其实正是高盛与约翰·鲍尔森引发的），垃圾资产对冲基金经理约翰·鲍尔森利用CDO赚取了40亿美元。一面做空市场，一面又建议客户购买证券，近99%售出的抵押担保证券都变质了，这就是高盛一贯的运营方式。

华尔街的文化鼓励欺诈，而且欺诈行为在获得高额奖赏的同时几乎不会面临任何风险。通常情况下，欺诈者被抓住的代价不过是缴纳无足轻重的小额罚款，与他们窃取来的财富相比不过是九牛一毛。在华尔街，新骗局接踵而至，监管机构置若罔闻，美国政府则担当推手。金融化的美国，尤其是像高盛这样的公司，可以操纵市场轻松牟利，诈骗一代又一代的投资人，作为活靶子，公众很容易被宰割，这就是华尔街的传统。

第二次世界大战结束后，资本主义发展方兴未艾，美国企业竞争的焦点日益从价格转移到创新型营销方面。资本盈余与产能过剩的出现，使得在传统型投资、生产及消费之外制造盈利机遇变得至关重要。金融化的到来无异于向投机者伸出了援手。金融寡头们对美国经济的控制从工业转向了金融市场，金融市场上演着一幕又一幕赌局，下注数额屡创新高。一个赌场式的垄断金融资本主义的格局逐渐发展起来，其直接目的就是为了开发利用金融市场。众多新兴的市场被催生出来，投机性游资不再热衷于商品生产线和工业设备等传统领域，而是开始进军金融业、保险业以及房地产业。金融体系作出的反应是提供了大量令人眼花缭乱的新型金融工具，如股票期货、期权、衍生品和对冲基金等等。

美国的新经济不仅没有制造出让生活更美好的东西，反而使得贪婪欲望更加肆虐、更具有毁灭性，这足以成为摧毁整个国家的罪恶根源。迅速发展的金融寡头们过上了奢华的生活。他们比以往更具有统治力，其统治中心正是华尔街。为了一己之私他们剥削全球各经济体，为了获得更多利润又痛宰投资者与房主。不断膨胀的泡沫总有一天会爆炸，债务扩张程度越大，经济就会跌得越惨重。美国政府为了华尔街的利益而牺牲了公众利益，一方面将利润装进私人的口袋，另一方面又让公众承担损失，试图通过某种骗局将公众的财富转移到上层阶级。自 20 世纪 70 年代以来，美国工人的真实工资便停滞不前，退休储蓄等福利遭到侵蚀，家庭债务也不断攀升。垄断金融资本使大众的生活日益悲苦。华尔街的金融资本失去了理智，它们肆意剥削、极具破坏性，使得受金融资本控制的民众饱受重创。

第二章　垄断金融资本时代马克思主义资本积累理论的当代性

资本积累过程的金融化对马克思主义的资本积累理论提出了直接挑战。重视制度选择在经济增长中的作用，是马克思资本积累理论的一个突出特点。资本积累通过在原有总资本存量的基础上追加生产资料和劳动力来实现。资本积累作为扩大再生产的源泉，是通过剩余价值转变为资本的方式进行的，剩余价值是积累的源泉。“资本主义生产的真正限制是资本自身。”[①] 这是马克思从利润率趋于下降规律中得出的重要结论。由于马克思资本积累理论在揭示资本主义运动规律的基础上得出了“两个必然”的结论，因此它成为资产阶级思想家极力攻击的对象。可以说，围绕马克思资本积累理论的争论，反映了马克思主义和非马克思主义思想斗争的焦点。

第一节　马克思的资本积累理论及其当代意义

马克思在《资本论》第一卷第七篇《资本的积累过程》中，集中论述了资本积累理论。这一篇长期以来被认为是马克思主义政治经济学阶级性最鲜明的体现，它揭示了资本主义积累的本质、一般规律和历史趋势。马克思认为，资本主义扩大再生产的过程就是资本积累的过程。马克思的资本积累理论和劳动价值论、剩余价值学说是相互联系、逻辑与历史相统一的完整理论体系。

---

① 马克思：《资本论》第 3 卷，人民出版社 2004 年版，第 278 页。

一、资本积累的实质、动因和具体形式

马克思对资本积累的研究首先假定生产商品的资本家按照商品的价值出售商品，既不研究资本在流通领域里所采取的那些新形式，不研究这些形式所包含的再生产的具体条件，也不研究剩余价值在不同类型资本家之间的分割，而是把积累只看作直接生产过程的一个要素抽象地考察积累。因为，流通的中介运动和剩余价值的分割会模糊积累过程的基本形式。因此，对积累过程的纯粹的分析，要求我们暂时抛开掩盖它的机构的内部作用的一切现象。《资本论》通篇所运用的从抽象上升到具体的写作方法在此处再次得到体现。

马克思指出："把剩余价值当作资本使用，或者说，把剩余价值再转化为资本，叫做资本积累。"① 资本积累的实质便是剩余价值向资本的转化。从表面上看，这意味着资本家减少自身的生活消费，因此"节欲论"成为其自我美化的论调。在一些情况下，所谓剩余价值转化为资本不过是工资转化为资本，是把工人的必要消费基金转化为资本的积累基金，把工资压低到劳动力价值之下。资本只要把工人阶级每年向它提供的各种年龄的追加劳动力同已经包含在年产品中的追加生产资料合并起来，剩余价值向资本的转化就完成了。积累就是资本的规模不断扩大的再生产。这种再生产的基础或起点是劳动产品和劳动本身的分离，是客观劳动条件和主观劳动力的分离；而再生产在其本身的进行中，不仅生产出更多的剩余价值，而且再生产出劳动力和劳动条件的分离。这样，它就再生产出剥削工人的条件并使之永久化。

资本主义的竞争是以取得超额利润为目标的，而要取得超额利润，就必须在竞争中不断地扩大生产规模以取得规模经济效应。这些都需要以不断扩大的资本供应为条件，所以资本积累及其能力的大小成为决定资本家命运的关键。因此，在马克思看来，积累是由资本主义的内在机制决定的，它是资本家阶级为追求剩余价值的内在欲望和作为个体的资

---

① 马克思：《资本论》第1卷，人民出版社2004年版，第668页。

本家面临外在竞争压力的结果。从直接的推动力上来看，社会劳动生产率水平的提高是推动资本积累的重要因素。随着劳动生产力的提高，同一可变资本价值可以推动更多的劳动力，从而可以推动更多的劳动。同一不变资本价值可以体现在更多的生产资料上，即体现在更多的劳动资料、劳动材料和辅助材料上，从而会提供更多的吸收劳动的要素。因此，在追加资本的价值不变甚至降低的情况下，资本积累仍然可以加快。不仅再生产的规模在物质上扩大了，而且剩余价值的生产也比追加资本的价值增长得更快。

资本积聚和资本集中是资本积累的两种主要方式。资本积聚是规模扩大的再生产的一种表现；资本集中可以通过单纯改变既有资本的分配，通过单纯改变社会资本各组成部分的量的组合来实现。集中补充了积累的作用，使工业资本家能够扩大自己的经营规模。积聚是通过剩余价值转化为资本——即资本积累——而增大个别资本总额，随着个别资本的增大，社会总资本也相应地扩大了；集中则是通过若干现有资本的合并而增大个别资本总额，它不扩大社会资本重量，只是改变了社会总资本在不同资本所有者之间的分配。同集中相比，积累是一个极其缓慢的过程。“假如必须等待积累去使某些单个资本增长到能够修建铁路的程度，那么恐怕直到今天世界上还没有铁路。但是，集中通过股份公司转瞬之间就把这件事完成了。”①

二、资本积累的一般规律

马克思指出：“社会的财富即执行职能的资本越大，它的增长的规模和能力越大，从而无产阶级的绝对数量和他们的劳动生产力越大，产业后备军也就越大。可供支配的劳动力同资本的膨胀力一样，是由同一些原因发展起来的。因此，产业后备军的相对量和财富的力量一同增长。但是同现役劳动军相比，这种后备军越大，常备的过剩人口也就越多，他们的贫困同他们所受的劳动折磨成正比。最后，工人阶级中贫苦阶层

① 马克思：《资本论》第1卷，人民出版社2004年版，第724页。

和产业后备军越大，官方认为需要救济的贫民也就越多。这就是资本主义积累的绝对的、一般的规律。”①

理解资本有机构成这一概念是把握马克思关于资本积累一般规律理论的关键。劳动生产率的增长意味着劳动量比它所推动的生产资料的量相对减少，或者说劳动过程中的主观因素的量比客观因素的量相对减少。资本技术构成的这一变化，即生产资料的量比推动它的劳动力的量相对增长，又反映在资本的价值构成上，即资本价值的不变组成部分靠减少它的可变组成部分而增加。由资本技术构成所决定，并且反映着资本技术构成变化的资本价值构成，叫做资本的有机构成。资本有机构成的上升趋势②导致用来支付劳动或代表资本可变部分的另一价格要素的相对量，一般同积累的增进成反比。也就是说，劳动者所获得的工资的相对量随着资本的积累而下降，与资本积累相适应的是工人贫困的积累。

马克思关于资本积累一般规律的理论指出，资本积累导致了两个直接后果，一是相对过剩人口增加，二是贫富分化加剧。关于第一个后果，马克思指出：“随着时间的推移，旧资本总有一天也会从头到尾地更新，会脱皮，并且同样会以技术上更加完善的形态再生出来，在这种形式下，用较少量的劳动就足以推动较多量的机器和原料。由此必然引起对劳动需求的绝对减少，不言而喻，经历这种更新过程的资本越是由于集中运动而大量聚集，对劳动需求的绝对减少也就越厉害。”③ 这是相对于资本总额一定条件下可变资本比例减少而言的。随着资本总量的迅速增长，对劳动力的总需求量又在不断增加。在资本积累的过程中，可能存在以下三种情况：在某些部门，资本有机构成发生变化而资本的绝对量没有增长，导致对劳动需求量的减少；在有些部门，资本的绝对增长同它的可变组成部分或它所吸收的劳动力的减少结合在一起；在另一些部门，资本时而在资本有机构成不变的条件下持续增长，并按照它增长的比例

---

① 马克思：《资本论》第1卷，人民出版社2004年版，第742页。

② 资本有机构成的上升趋势还会使得利润率趋于下降，本章第三节将集中对这一问题进行探讨。

③ 马克思：《资本论》第1卷，人民出版社2004年版，第724页。

吸引追加的劳动力，时而资本有机构成发生变化，可变资本比例缩小。总的结果就是："随着已经执行职能的社会资本量的增长及其增长程度的提高，随着生产规模和所使用的工人人数的扩大，随着他们劳动的生产力的发展，随着财富的一切源流的更加广阔和更加充足，资本对工人的更大的吸引力和更大的排斥力互相结合的规模也不断扩大。"①

关于第二个后果，马克思认为，穷人的劳动就是富人的财源，贫困是富裕的前提条件。富人不同于穷人的地方，不在于占有土地和货币，而在于拥有对包括劳动力在内的生产资料的支配权。马克思指出："不管工人的报酬高低如何，工人的状况必然随着资本的积累而恶化。"② 这句话似乎是不可理解的，为什么报酬高时也必然随着资本积累而日趋恶化呢？在马克思看来，资本主义的生产过程是价值增值过程和生产关系再生巩固过程的统一。马克思在这句话的前面曾说："一切生产剩余价值的方法同时就是积累的方法，而积累的每一次扩大又反过来成为发展这些方法的手段。"③ 工人所处的除了拥有自身的劳动能力以外，其他一无所有的状况，就是马克思所说的"绝对贫困"。只要存在无产阶级的劳动从属于资本，那么工人的绝对贫困就一直会存在。生产资料上的一无所有决定了工人创造的剩余价值被无偿占有，劳动与生产资料的分离是产生贫富分化的根源之所在。

三、资本积累的历史趋势

马克思把资本主义原始积累主要看作是生产关系的变化——生产资料和劳动力的分离以及它们以资本主义生产方式重新结合。"资本主义社会的经济结构是从封建社会的经济结构中产生的。后者的解体使前者的要素得到解放。"④ 强制剥夺农民土地的过程在英国历史上称作"圈地运

---

① 马克思：《资本论》第 1 卷，人民出版社 2004 年版，第 727 页。
② 马克思：《资本论》第 1 卷，人民出版社 2004 年版，第 743 页。
③ 马克思：《资本论》第 1 卷，人民出版社 2004 年版，第 743 页。
④ 马克思：《资本论》第 1 卷，人民出版社 2004 年版，第 822 页。

动”。圈地运动使农民流离失所，生活失掉来源，这对于正在形成的资本主义生产关系起了巨大的推动作用。大量农民突然被强制地同自己的生存资料分离，变成了不受法律保护的无产者，被抛向劳动力市场。这是原始积累的首要因素，是形成资本主义生产关系的全部过程的基础。被暴力剥夺了土地的农民在鞭打、烙印和其他酷刑之下被迫习惯于雇佣劳动制度所必需的纪律。如果说雇佣劳动在此时还是一种被迫的行为，那么，随着资本主义生产的发展，雇佣劳动逐渐成为一种“自然规律”。马克思说：“单是在一极有劳动条件作为资本出现，在另一极有除了劳动力以外没有东西可出卖的人，还是不够的。这还不足以迫使他们自愿地出卖自己。在资本主义生产的进展中，工人阶级日益发展，他们由于教育、传统、习惯而承认这种生产方式的要求是理所当然的自然规律……经济关系的无声的强制保证资本家对工人的统治。超经济的直接的暴力固然还在使用，但只是例外地使用。”① 这种“自然规律”是资本原始积累的重要因素。

这一段原始积累的历史，是“用血和火载入人类编年史的”。所以我们就不难理解马克思所说的那一句话：“资本来到世间，从头到脚，每个毛孔都滴着血和肮脏的东西。”② 这也正是马克思反对欧洲资本主义，特别是英国资本主义的情况。在《资本论》第一卷中，马克思讲述了英国贵族通过圈地运动和其他抢劫方式集聚财富的历史。当时流行一首非常形象的民谣：

从公有地偷窃鹅的男人或女人
法律将他们全都关押，
从这些傻瓜那里偷窃公有地的大恶棍
法律却让他们自在逍遥。

就资本原始积累的具体方式而言，马克思极力反对把他《资本论》

① 马克思：《资本论》第1卷，人民出版社2004年版，第846页。
② 马克思：《资本论》第1卷，人民出版社2004年版，第871页。

中“关于西欧资本主义起源的历史概括彻底变成一般发展道路的历史哲学理论”。他指出：如果这样做的话，“会给我过多的荣誉，同时也会给我过多的侮辱”。[①] 但是，不论资本的原始积累在各国有何种差异，其本质都是“直接生产者的被剥夺，即以自己劳动为基础的私有制的解体”。[②] 马克思指出了两种不同性质的私有制的区别：一是这些“私人”是劳动者，即以自己的劳动为基础的私有制；二是这些“私人”是非劳动者，即以雇佣劳动为基础的私有制。在资本原始积累的过程中，以个人的劳动为基础的分散的私有制被以雇佣劳动为基础的资本主义私有制所排挤，这是一个少数掠夺者剥夺人民群众的过程。“一旦劳动者转化为无产者，他们的劳动条件转化为资本，一旦资本主义生产方式站稳脚跟，劳动的进一步社会化，土地和其他生产资料的进一步转化为社会地使用的即公共的生产资料，从而对私有制的进一步剥夺，就会采取新的形式。”[③] 在这些条件得到满足的情况下，资本家将会被剥夺，资本主义私有制将会被新的个人所有制所代替。这种个人所有制不是之前第一种性质的私有制的重建，而是在协作和对土地及靠劳动本身生产的生产资料的共同占有的基础上，重新建立个人所有制。这就是资本主义积累的历史趋势。

四、马克思的资本积累理论的当代意义

按照马克思资本积累理论的逻辑分析当代资本积累的特征仍然是适用的。一方面，马克思资本积累理论没有过时；但另一方面，当代资本积累确实又出现了一些新的特点。把这两方面结合起来，可以指导我们认识和处理当代资本主义社会和社会主义社会经济发展中的资本积累问题。

第一，马克思的资本积累理论提出了有关垄断资本主义的许多重要

---

① 《马克思恩格斯选集》第 3 卷，人民出版社 2012 年版，第 730 页。

② 马克思：《资本论》第 1 卷，人民出版社 2004 年版，第 872 页。

③ 马克思：《资本论》第 1 卷，人民出版社 2004 年版，第 873 页。

思想，有助于我们研究当代垄断资本主义的发展态势。

在马克思和恩格斯生活的时代，垄断资本主义这个特殊的历史阶段还没有到来。因此，他们还不可能对这个历史阶段做出全面而完整的理论分析。但是，生产集中在那时已经存在，而且显露出一定的垄断趋势。所以，马克思和恩格斯根据资本主义经济发展的客观规律，预见了资本主义向垄断发展的必然性，同时对垄断的某些特殊表现做了考察。这些思想对于我们今天研究垄断资本主义仍然具有重要意义。马克思认为，垄断不过是资本集中的极限状态。关于垄断组织的形式，马克思提到了信用制度和股份公司。今天，金融资本形成及其在垄断资本主义阶段的突出地位和作用，证实了马克思对资本主义信用制度发展趋势的预言。在信用制度的基础上，资本主义私人企业逐渐转化为股份公司。“由于信用，流通或商品形态变化的各个阶段，进而资本形态变化的各个阶段加快了，整个再生产过程因而也加快了……生产规模惊人地扩大了，个别资本不可能建立的企业出现了。同时，以前曾经是政府企业的那些企业，变成了社会的企业。”① 在马克思看来，股份公司是资本主义生产方式在资本主义生产方式本身的范围之内的扬弃：“那种本身建立在社会生产方式的基础上并以生产资料和劳动力的社会集中为前提的资本，在这里直接取得了社会资本（即那些直接联合起来的个人的资本）的形式，而与私人资本相对立，并且它的企业也表现为社会企业，而与私人企业相对立。这是作为私人财产的资本在资本主义生产方式本身范围内的扬弃。”② 股份公司的出现造成了垄断，恩格斯还补充说明了在股份公司的基础上出现的卡特尔和托拉斯是垄断的新形式。

第二，我们可以按照马克思的资本积累理论的总体逻辑总结出当代资本主义社会资本积累的特点。

从资本积累的直接来源来看，在当代资本主义社会企业积累资本的外部来源相对于内部来源的重要性提高了。企业用于积累和扩大营业的货币资本有三个主要来源：企业的未分配利润、金融机构的长短期贷款、

---

① 马克思：《资本论》第3卷，人民出版社2004年版，第494页。

② 马克思：《资本论》第3卷，人民出版社2004年版，第494－495页。

以及在资本市场上发行的股票和债券。第一项称为内源融资，后两项称为外源融资。在当代，资本积累的这三个来源都在扩大，但相对来说，企业外源融资的作用显著地增大了。这不仅是因为金融机构和资本市场有了巨大的发展，而且国家的经济职能的加强也起了极为重要的作用。例如，政府对企业的各种补贴和减免税措施也直接提高了企业的利润和收入，由此而增加的资本积累实际上是来自政府的资助。

从资本积累的具体方式来看，资本集中相对于资本积聚的作用在日益加强。积聚的过程是十分缓慢的，而资本集中则极大地促进了大企业的出现和大资本的形成。资本集中的直接形式是企业之间的并购，从19世纪末开始，全球出现了五次企业兼并浪潮，从一国范围扩大到全球，从横向、纵向到混合并购，规模越来越大，涉及的范围越来越广。

从资本积累的基本领域来看，虚拟资本的积累已大大超过实际资本的积累。实际资本是实际生产商品和劳务的资本，表现为工业、农业、商业、运输业和通信业等实体经济部门中的总资本；虚拟资本指的主要是体现在股票、债券、信用货币和各种金融衍生物上的金融资产，它们本身并不具有价值和生产性，但却是可以流动的资本资产，能转化为货币或物质财富，是对实际财富具有索取权的“法律证书”。虚拟资本相对于实际资本的畸形的过度积累，已经构成当代发达国家资本积累的一个突出特征，它大大加强了社会经济的寄生性和不稳定性。

从资本积累的地域范围来看，发达国家的资本积累早已超出民族国家范围，把世界其他国家特别是不发达国家纳入自己的积累源泉。在二战以前，资本的国际化还主要体现在商品的国际贸易上，资本输出也是以借贷资本为主，直接投资的比重并不大。在这种情况下，通过不等价交换和贷款利息等形式，发达国家的资本已占有了不发达国家的一部分经济剩余。二战之后，跨国公司不断壮大，直接投资的重要性日益增长，这为发达国家在战后黄金时期的经济繁荣提供了廉价的原料供应，而且也以投资利润的形式攫取了发展中国家相当一部分的经济剩余。

第三，马克思关于资本积累一般规律的理论分析了资本主义生产方式所特有的人口规律，有助于我们分析今天资本主义社会劳动力市场的供求规律和失业问题。

马克思认为，工人本身在生产出资本积累的同时，也以日益扩大的规模生产出使他们自身成为相对过剩人口的手段。这就是资本主义生产方式所特有的人口规律。过剩的工人人口是资本主义积累基础上财富发展的必然产物，但是这种过剩人口反过来又成为了资本主义积累的杠杆，或者说成为了资本主义生产方式存在的一个条件。由过剩人口组成的产业后备军绝对地隶属于资本，为资本积累创造出随时可供剥削的劳动力。“只要雇佣工人仍然是雇佣工人，他的命运就取决于资本。这就是一再被人称道的工人和资本家利益的共同性。”① 在第二次世界大战之后的一段时间里，美国的工资领先于世界。后来美国工人的实际工资开始下降，这种每况愈下到现在还没有终止，较高的失业率迫使工人接受低工资。马克思认为，决定工资一般变动的，不是工人人口绝对数量的变动，而是工人阶级分为现役军和后备军的比例的变动，是过剩人口相对量的增减，是过剩人口时而被吸收、时而又被游离的程度。

今天，在新的技术条件下，新兴职业岗位的出现与传统职业岗位的流失并存，劳动的智能化与劳动的简单化并存，用马克思的话来说，资本对劳动者更大的吸引力和更大的排斥力并存。资本积累一方面扩大了对劳动力的需求，另一方面又通过游离劳动者来扩大劳动力的供给。与此同时，失业工人的压力又迫使就业工人付出更多的劳动，从而在一定程度上使劳动的供给不依赖于工人的供给。“劳动供求规律在这个基础上的运动成全了资本的专制。……劳动越多，为别人生产的财富越多，他们的劳动生产力越是提高，他们连充当资本增殖手段的职能也就越是没有保障。”②

第二节　罗莎·卢森堡的《资本积累论》评析③

罗莎·卢森堡是波兰和德国工人运动的杰出女活动家，是德国社会

① 《马克思恩格斯选集》第1卷，人民出版社2012年版，第345页。

② 《马克思恩格斯全集》第23卷，人民出版社1972年版，第702页。

③ 本节的部分内容以《罗莎·卢森堡的经济危机理论评析》为题发表于《社会主义研究》2016年第2期，第123－129页。

民主党和第二国际左派的著名领袖。卢森堡在《资本积累论》中论述了以“消费不足论”为特点的资本积累理论，并提出了“第三市场”理论。20世纪初“消费不足论”曾被视为正统的“比例失调论”的一个特例，20世纪30年代“消费不足论”则成为马克思之后马克思主义危机理论的正统。20世纪初，为了反击伯恩斯坦对资本主义崩溃论的否定，以卢森堡为代表的马克思主义者将危机和革命密切联系起来，以崩溃的不可避免来证明革命的不可避免，自此开创了西方马克思主义经济危机理论从单一因素出发主张危机必然性的传统。

1908年，卢森堡开始在柏林的德国社会民主党中央党校任教，她试图编写一本政治经济学教科书，在钻研马克思《资本论》第二卷中提出的扩大再生产图式时遇到了困难。她设法解答这些问题，结果写出了《资本积累论》一书。《资本积累论》出版于1913年，这本书在德国社会民主党的报刊上以及更大的范围内引起了一场激烈的争论，连卢森堡本人也觉得十分惊异。为了对批评者做出答复，1915年卢森堡在狱中写成了《资本积累——一个反批判》，在回击中再次重申了《资本积累论》中的观点。

一、卢森堡论述资本积累中的危机

卢森堡在《资本积累论》中论述了危机产生的直接原因，从剩余价值实现的角度谈到了消费不足问题。关于消费不足产生的原因，卢森堡认为，工人和资本家只能实现可变资本和不变资本中被消耗掉的部分，以及剩余价值的可消费部分。至于剩余价值的资本化部分，就不可能由工人和资本家来实现。卢森堡认为，这正是李嘉图、西斯蒙第、马克思等人的经济理论的不足，因为他们都把这一不能解决的问题作为理论研究的前提条件。卢森堡指出：“剩余价值的实现，无疑是资本主义积累的一个关键问题。为了简单起见，假定把资本家的消费基金存而不论，那末，剩余价值实现的第一个条件，是要求一个资本主义社会以外的购买者阶层。我们说是购买者而不是消费者，因为，剩余价值的实现，最初就不是指剩余价值的物质形态而言。起决定性作用的一点在于：剩余价值既不能由工人，也不能由资本家来实现，而是由那种属于非资本主义生产方式的社会阶层或社会结构来实现的。”① 例如，在 19 世纪最初六十年间，英国的棉业将棉织品供应给欧洲大陆的农民以及印度、美洲和非洲等的农民。在这种情况下，那些非资本主义阶层及非资本主义国家的消费，就为英国棉业的繁荣扩大建立了基础。

卢森堡在《资本积累论》一书中明确提出资本主义经济是不能自己独立存在的，要以另一种经济成分的存在作为它存在的前提条件。卢森堡认为，发展资本主义生产和非资本主义生产之间的交换关系，不仅可以实现剩余价值，而且能够通过扩大再生产瓦解非资本主义生产形式来获得新的无产阶级化的劳动力。在资本主义发展的历史进程中，资本主义生产与非资本主义生产之间交换关系的发展，使资本主义得以扩张。卢森堡指出，参加寻求积累地区的资本主义国家越多，仍然对资本扩张开放的非资本主义地方就变得越少，竞争就越厉害。通过这个过程，资本准备了自己的毁灭。当它接近到人类只是由资本家和无产者所组成这一点时，进一步的积累将变得不可能了。

二、对卢森堡积累理论的评价

卢森堡在《资本积累论》中论述了积累中的危机，但是其主要论点是不正确的，原因如下：

第一，对马克思再生产图式的责难表明卢森堡对马克思提出这一图式的初衷存在误解。

卢森堡对马克思再生产图式的批判集中在两个方面：首先，该图式假定在扩大再生产的过程中不发生技术变化，在追加资本的过程中资本有机构成是不变的，而这一点假设与事实不符合；其次，马克思的扩大再生产图式似乎表明资本主义生产的第一部类和第二部类在实现产品上是没有困难的，这两部类的资本家在进行扩大再生产时，可以互相找到

① ［德］罗莎·卢森堡，彭尘舜、吴纪先译：《资本积累论》，生活·读书·新知三联书店 1959 年版，第 276 – 277 页。

自己产品的买主，因而可以把这两大部类的生产无限制地扩大下去。卢森堡认为，这一点与马克思自己所指出的“资本主义条件下生产的无限扩张趋势与有支付能力的需求相对缩小之间的矛盾”的观点是自相矛盾的。马克思的再生产图式只是为了说明在扩大再生产的过程中社会总资本运动的条件和规律，它并不企图具体地还原真实的再生产过程，也并不企图证明资本主义扩大再生产能够经常顺利地、毫不间断地进行下去。马克思在阐述促使再生产正常进行的条件时指出：“这些条件转变为同样多的造成过程失常的条件，转变为同样多的危机的可能性；因为在这种生产（指资本主义生产——引者注）的自发形式中，平衡本身就是一种偶然现象。”①

第二，对马克思再生产图式的责难还表明卢森堡没有准确地理解马克思在写作《资本论》时所运用的从抽象上升到具体的研究方法。

理论上的抽象概念和现实之间的混乱不断地掺杂进卢森堡的论述中。她在《资本积累——一个反批判》中说：“从来不存在，现在也不存在一个只有资本主义生产和只有资本家与雇佣劳动者的国家。《资本论》第二卷里所设想的前提下的社会，在具体现实中根本不存在。”② 马克思的扩大再生产图式想要表明在没有竞争的理想的、理论上抽象的资本主义社会是如何实现剩余价值的，是如何为此规定必要条件的。因此，我们不应该把马克思的扩大再生产图式直接套在资本主义的具体现象上。这并不是说马克思的扩大再生产图式与现实没有任何关系，而是为了说明资本主义制度是如何以最纯粹的形式运行，这一分析不受真实生活中其他变化的影响。

马克思将社会生产仅仅分为两大部类，这是因为他要表明制度最深处运行的情况。创造更多的部类意味着偏离了他写作所依据的抽象水平，从而可能陷于混乱。不仅如此，分为两个部类的再生产图式不仅仅是一

---

① 马克思：《资本论》第2卷，人民出版社2004年版，第557页。

② ［德］罗莎·卢森堡：《资本积累——一个反批判》，载中国社会科学院哲学研究所马克思主义哲学史研究室编，柴金如、梁丙添、戴永保译：《帝国主义与资本积累》，黑龙江人民出版社1982年版，第73页。

种技术说明，而且马克思是在表明资本家和工人之间的阶级关系。劳资关系是马克思研究的中心，他运用抽象力使这一阶级关系与现实中其他纷繁复杂的因素相隔离，使它摆脱现实的干扰，把其还原为最纯粹的形式。除劳资关系之外，其他的社会关系都暂时地假定不存在，在之后的分析中再把它们逐一地引入。马克思扩大再生产图式中涉及的资本家和工人，只是经济范畴的人格化，被还原为某种标准的形式。

在马克思之后，对马克思经济理论的一些批评与质疑，均来自于批评者们在抽象概念与具体现实之间陷入了混乱。对此，斯威齐指出："对马克思经济学的许多批评，有意无意地是基于对他据以立论的假设的否定。我们的讨论，应该有助于确立一些标准，借以判断这些批评的是非。在各种情况下，应该对引起批评的简单化假设（或抽象），提出三个问题：1. 它们的设计，有没有正确地照顾到所研究的问题？2. 它们是不是剔除了问题的非本质要素？3. 它们是不是保留着问题的本质要素？如果这三个问题的答案都是肯定的，那么，我们就可以说，适当抽象的原则已经得到了遵守。许多人对马克思的批评是否贴切和妥当，用这个原则来检验是很有帮助的。"①

第三，卢森堡在自己的理论推理中也有错误。

斯威齐认为："她（指罗莎·卢森堡——引者注）有一个错误特别突出：在讨论扩大再生产时，她暗中保留简单再生产的假定。工人们的消费不能实现剩余价值，这是她从未加以怀疑的教条，这个教条意味着，可变资本的总值——因而也就是工人们的消费——必须同简单再生产中一样，永远保持不变。实际上，典型的积累包含可变资本的追加，而当这个追加的可变资本为工人们所花掉时，它就实现了一部分具有消费品实物形态的剩余价值……罗莎·卢森堡思想中其他缺点和混乱，比起这个涉及对再生产表示误解与滥用的基本错误来，都是次要的。"② 为了要

---

① ［美］保罗·斯威齐，陈观烈、秦亚男译：《资本主义发展论：马克思主义政治经济学原理》，商务印书馆 2009 年版，第 40 页。

② ［美］保罗·斯威齐，陈观烈、秦亚男译：《资本主义发展论：马克思主义政治经济学原理》，商务印书馆 2009 年版，第 259－260 页。

把技术进步的因素考虑进去，卢森堡修改了马克思扩大再生产图式中的数字，从而“证明”了在劳动生产率提高的条件下，在马克思扩大再生产的图式中会出现剩余价值实现上的困难。其实，如果这里剩余价值的实现有困难，那么非资本主义领域的“第三市场”同样解决不了问题。既然在商品交换中有卖必须有买，又怎么能只向非资本主义领域销售而不购买呢？按照卢森堡的逻辑，“第三市场”理论不过是把剩余价值的实现困难从资本主义领域转移到非资本主义领域中，仍未从根本上解决问题。卢森堡似乎忘记了她在《资本积累论》里说过的一段话：“我们已经看到在资本主义社会内部我们不能发现那些体现剩余价值的积累部分的商品的任何买主。现在只剩下一件事情没有考虑到，即对外贸易。但把对外贸易看作任何不能在再生产过程中找到一个适当地位的商品的方便之门，这种看法有许多可以反对之处。求助于对外贸易实际上只是以未决的问题作为论据的诡辩：分析中所包含的困难只是从一国转移到另一国去，而没有解决。”①

第四，卢森堡对帝国主义的理解也有不正确之处。

按照卢森堡的资本积累理论，帝国主义并不是资本主义发展的一个历史阶段，而是资本主义国家争夺世界上剩余的非资本主义领域的政策表现。有学者指出，卢森堡是在企图回避帝国主义作为资本主义最新阶段的经济基础、基本矛盾的情况下，直接揭示资本主义生产的客观历史界限和资本主义必然崩溃的历史趋势的，这无疑是错误的。② 她以资本主义对非资本主义的侵蚀来描述近代以来的世界历史进程，认为这是一种本质的联系，因而就构成了世界体系。这一观点涉及对马克思主义唯物史观的挑战。按照历史唯物主义的观点，历史上继起的经济形态或社会形态，从前一种形态中产生以后就独自存在，不以其他的经济形态或社会形态的存在为其存在的前提条件。

---

① ［德］罗莎·卢森堡，彭尘舜、吴纪先译：《资本积累论》，生活·读书·新知三联书店 1959 年版，第 91 页。

② 参见张雷声：《罗莎·卢森堡资本主义理论述评》，载《马克思主义研究》2006 年第 5 期。

第五，卢森堡的“第三市场”理论抹杀了劳资双方的差别，把二者共同置于对非资本主义领域进行剥夺的剥削者的位置。

如果非资本主义市场对资本主义是必要的，这意味着卢森堡改变了马克思赖以对资本主义制度进行分析的整个基础。卢森堡把资本主义积累的基础从剩余劳动更改为一种从外部来源吸取营养的过程，把对“第三市场”的剥削而不是把对工资劳动的剥削作为资本主义积累的推动力。这就意味着，资本主义国家的工人们不再处于被剥削的地位，而是与资本家一起变成了联合的剥削者。因此，在资本主义国家中，无产阶级也就没有革命的必要性。资本主义要么被“第三世界”袭击而崩溃，要么在这个市场中由于不能实现剩余价值而自我崩溃。这样看来，工人阶级在“资本主义崩溃”的过程中只是起到一种被动的作用，甚至可能与资产阶级一起共同击退“第三世界”的袭击。布哈林就曾经批评卢森堡，指出她将剩余价值的实现问题和剥削问题分割开来了。卢森堡的经济危机理论原本是社会主义革命理论的基础，她阐述积累中的危机的初衷是为了论证“资本主义的崩溃”，但是“第三市场”理论却把她不知不觉地带入了“资本主义协调论”的阵营。

卢森堡在《资本积累论》中的主要论点是不正确的，但是她提出的问题值得我们关注，因为资本主义积累和再生产问题的确是马克思主义经济学中的一个重要问题，她的理论推进了我们在该问题上的认识。卢森堡的“第三市场”理论为丰富马克思主义的资本积累理论做出了一定的贡献。她关注剩余价值实现上的困难，对引发资本主义社会现实危机的直接原因进行了较为深入的分析，并提出拓展“第三市场”是转嫁危机的主要手段之一，为我们认识世界市场和帝国主义现象提供了理论工具。卢森堡的资本积累理论认为资本主义积累的动力必须来自于消费需求的增加，忽视了资本主义生产的动力不是额外的需求、而是不顾市场限制扩大生产的趋势这一事实。这本质上同古典政治经济学一样，不是从资本主义制度内部、而是从外部寻求经济危机产生的根源，将资本主义经济危机解释为偶然现象，背离了马克思经济理论的正统。

第三节　关于利润率下降趋势理论的争论[①]

马克思恩格斯逝世以后，许多理论家对垄断和帝国主义、经济危机和商业周期、经济全球化以及社会主义积累等问题的探讨，大都建立在马克思资本积累理论的基础上。在马克思主义资本积累理论发展的过程中，关于资本有机构成趋于上升以及随之而来的利润率下降趋势理论的争论一直是核心问题。马克思根据资本的本性和内在结构，预言通过提高资本有机构成以获取更多剩余价值的资本主义积累的长期发展趋势有两个：一是相对过剩人口大量存在，即失业问题；二是一般利润率趋向下降，即停滞问题。在此基础上，马克思得出了“两个必然”的结论：资本主义积累的最终结局，是高度发达的生产力与资本主义私有制这样的生产关系外壳发生冲突，最终“剥夺者被剥夺”。由于近些年来产品创新活动以及金融等新兴行业的发展使得部分企业的利润率不降反升，因此一般利润率趋于下降的规律又重新成为讨论的焦点。

一、马克思关于利润率趋于下降规律的论述

在《资本论》第三卷第三篇“利润率趋向下降的规律”中，马克思对利润率趋于下降的规律进行了集中论述。马克思认为，技术的进步和劳动生产率的提高会导致资本有机构成的提高。在劳动的剥削程度即剩余价值率不变的情况下，同一个剩余价值率会表现为不断下降的利润率，因为随着不变资本的物质量的增加，不变资本以及总资本的价值量也会增加，虽然不是按相同的比例增加。马克思说：“资本构成的这种逐渐变化，不仅发生在个别生产部门，而且或多或少地发生在一切生产部门，或者至少发生在具有决定意义的生产部门，因而这种变化就包含着某一

① 本节内容以《关于马克思利润率下降趋势理论的论战及评析》为题发表于《海派经济学》2015 年第 2 期，第 150 - 160 页。

个社会的总资本的平均有机构成的变化，那么，不变资本同可变资本相比的这种逐渐增加，就必然会有这样的结果：在剩余价值率不变或资本对劳动的剥削程度不变的情况下，一般利润率会逐渐下降。”①

马克思对关于利润率趋于下降的规律容易被误解为利润量趋于下降的规律做出了区分。他指出：“劳动的社会生产力的同一发展，在资本主义生产方式的发展中，一方面表现为利润率不断下降的趋势，另一方面表现为所占有的剩余价值或利润的绝对量的不断增加；结果，总的说来，与可变资本和利润的相对减少相适应的，是二者的绝对增加。”② 利润率的下降并不必然导致利润量的减少。如果把第Ⅰ组当成初始状态，那么后面四组的情况说明当资本有机构成提高时，导致的结果有四种可能性（排除利润率不变和利润量不变的情况）：利润率下降而利润量减少，利润率下降而利润量增加，利润率上升而利润量增加，利润率上升而利润量减少。

Ⅰ、初始状态：c/v = 2，m’ = m/v = 1，C = 6

4c + 2v + 2m；M = P = 2；p’ = m/（c + v） = 2/6 = 1/3

Ⅱ、资本有机构成提高 c/v = 5，剩余价值率和总资本量不变：

5c + 1v + 1m；M = P = 1；p’ = m/（c + v） = 1/6 = 1/6

剩余价值量即利润量减少、利润率下降；

Ⅲ、资本有机构成提高 c/v = 5，剩余价值率不变，总资本量增加 C = 18：

15c + 3v + 3m；M = P = 3；p’ = m/（c + v） = 3/18 = 1/6

当总资本增加的速度（3 倍）大于资本有机构成提高的速度（2.5 倍）时，剩余价值量即利润量增加、利润率下降；

---

① 马克思：《资本论》第 3 卷，人民出版社 2004 年版，第 236 页。
② 马克思：《资本论》第 3 卷，人民出版社 2004 年版，第 248 页。

Ⅳ、资本有机构成提高 $c/v=5$，总资本量增加 $C=12$，剩余价值率上升 $m'=m/v=1.5$：

$$10c+2v+3m;\ M=P=3;\ p'=m/(c+v)=3/12=1/4$$

当总资本增加的速度（2 倍）小于资本有机构成提高的速度（2.5 倍）时，剩余价值率上升导致剩余价值量即利润量增加、利润率下降；

Ⅴ、资本有机构成提高 $c/v=5$，总资本量增加 $C=12$，剩余价值率上升 $m'=m/v=3$：

$$10c+2v+6m;\ M=P=6;\ p'=m/(c+v)=6/12=1/2$$

当总资本增加的速度（2 倍）小于资本有机构成提高的速度（2.5 倍）时，剩余价值率上升导致剩余价值量即利润量增加、利润率上升；

Ⅵ、资本有机构成提高 $c/v=5$，总资本量不变，剩余价值率上升 $m'=m/v=3$：

$$5c+1v+3m;\ M=P=3;\ p'=m/(c+v)=3/6=1/2$$

当剩余价值率上升的速度（3 倍）大于资本有机构成提高的速度（2.5 倍）时，剩余价值量即利润量增加、利润率上升；

Ⅶ、资本有机构成提高 $c/v=5$，总资本量减少 $C=3$，剩余价值率上升 $m'=m/v=3$：

$$2.5c+0.5v+1.5m;\ M=P=1.5;\ p'=m/(c+v)=1/2$$

剩余价值量即利润量减少、利润率上升。

资本有机构成的提高与利润量的增加并存主要有两种可能性。第一种可能性是由于总资本量的增加从而可变资本量的增加引起的。“尽管利润率不断下降，资本所使用的工人人数，即它所推动的劳动的绝对量，从而它所生产的利润的绝对量，仍然能够增加，并且不断增加。”① 这就是第Ⅲ组所表示的情况。但这种情况的出现需要满足一个前提条件：“要

① 马克思：《资本论》第 3 卷，人民出版社 2004 年版，第 242 页。

在构成较高或不变资本以更大程度相对增加的情况下使用一个绝对增加了的可变资本，总资本不仅要和更高的构成成比例地增加，而且要增加得更快。”① 第二种可能性是由于剩余价值率的上升引起。“如果剩余价值率提高了，不管这是由于工作日的延长或强化，还是由于劳动生产力的发展而引起的工资价值下降，那么，剩余价值量，从而绝对利润量，就必然会增加，尽管可变资本同不变资本相比是相对地减少了。”② 这种可能性又分为两种情况：一是由第Ⅳ组所表示的情况，即剩余价值率上升导致剩余价值量即利润量增加、利润率下降，此时剩余价值率的上升幅度相对较小；二是由第Ⅴ组所表示的情况，即剩余价值率上升导致剩余价值量即利润量增加、利润率上升，此时剩余价值率的上升幅度相对较大，弥补了资本有机构成提高所导致的利润率的下降。以上两种可能性在资本主义经济的运行过程中往往是结合在一起的。

在对规律本身进行论述之后，马克思补充说明了起反作用的各种因素。他说：“必然有某些起反作用的影响在发生作用，来阻挠和抵销这个一般规律的作用，使它只有趋势的性质，因此，我们也就把一般利润率的下降叫作趋向下降。”③ 第一个因素是劳动剥削程度的提高，即剩余价值率 $m' = m/v$ 的增加，主要是通过延长剩余劳动的时间或强化劳动的强度来实现。如上文第Ⅵ组情况所示，当剩余价值率上升的速度大于资本有机构成提高的速度时，利润率上升。第二个因素是工资被压低到劳动力的价值以下，这是阻碍利润率下降趋势的最显著的原因之一。这一因素实质上也等同于劳动剥削程度的提高，因为它导致 v 的绝对值下降，也会使得剩余价值率 $m' = m/v$ 增加。第三个因素是不变资本各要素变得便宜。这一因素通过降低 c 的相对值来实现，限制了资本有机构成 c/v 的增长幅度。资本的物质要素随着工业的发展而发生贬值，这也是阻碍利润率下降的不断发生作用的原因之一。但另一方面，不变资本的贬值也会导致提供利润的资本的量减少，从而使利润量减少。所以马克思在

---

① 马克思：《资本论》第 3 卷，人民出版社 2004 年版，第 248 页。
② 马克思：《资本论》第 3 卷，人民出版社 2004 年版，第 244 页。
③ 马克思：《资本论》第 3 卷，人民出版社 2004 年版，第 258 页。

这里强调了一个非常重要的观点："造成利润率下降趋势的同一些原因，也会阻碍这种趋势的实现。"① 第四个因素是相对过剩人口的增长。可供支配的或失业的雇佣工人的价格十分低廉，使得一些生产部门反对由手工劳动转化为机器劳动，或者是新的劳动密集型产业的产生，这都在很大程度上提高了 v 的相对值，从而限制了资本有机构成 c/v 的增长幅度。当可变资本在总资本中占有相当大的比重时，该生产部门的剩余价值率、剩余价值量和利润率都非常高。不过相对过剩人口也降低了工资的平均水平，在一定程度上又降低了可变资本在总资本中所占的比重，使得利润率下降。第五个因素是对外贸易，它通过多种方式来提高利润率。对外贸易一方面使不变资本的要素变得便宜，一方面使可变资本转化成必要的生活资料变得便宜，它具有提高利润率的作用，因为它使剩余价值率提高，使不变资本价值降低。此外，对外贸易还有助于扩大生产规模，如第Ⅲ组的情况所示。第六个因素是股份资本的增加。在马克思所生活的实体经济占主导地位的年代里，生息资本所获得的股息只是利润的一部分。马克思认为这些资本不会参加一般利润率的平均化过程，因为它们所提供的利润率低于平均利润率。如果它们参加进来，平均利润率就会下降得更厉害。

因此，理解马克思关于利润率趋于下降的规律有三点需要特别注意：第一，在资本有机构成提高的前提条件下，剩余价值率的变化会影响到利润率的变化，但是同样的剩余价值率会表现为一个不断下降的一般利润率；第二，利润率的下降并不必然与利润量的减少并存；第三，由于多种起反作用的因素的存在，尤其是因为"造成利润率下降趋势的同一些原因，也会阻碍这种趋势的实现"，这一规律只具有"趋势"的性质。马克思认为，一般利润率日益下降的趋势，只是劳动的社会生产力日益发展在资本主义生产方式下所特有的表现。"这并不是说利润率不能由于别的原因而暂时下降，而是根据资本主义生产方式的本质证明了一种不

---

① 马克思：《资本论》第 3 卷，人民出版社 2004 年版，第 263 页。如下文提到的相对过剩人口和对外贸易等因素，既存在阻碍利润率下降的作用，也发挥着促进利润率上升的作用。详见第 263－267 页。

言而喻的必然性：在资本主义生产方式的发展中，一般的平均的剩余价值率必然表现为不断下降的一般利润率。”① 马克思提出利润率趋于下降规律的目的，在于指出作为资本主义生产推动力的利润率会受到生产本身发展的威胁，劳动生产力的发展使利润率的下降成为一个规律，它必须通过危机来克服。马克思从这一规律中得出的最终结论是：“资本主义生产总是竭力克服它所固有的这些限制，但是它用来克服这些限制的手段，只是使这些限制以更大的规模重新出现在它面前。”②

二、相关论战的简要历史回顾③

利润率趋于下降理论在马克思的资本积累理论中占有非常重要的地位，围绕这个问题而展开的争论也最广泛、最激烈、持续时间最长，直到今天还在进行。争论的发展表现为一个时起时伏、逐渐深化的过程，在20世纪大体上经历了三次高潮。

第一次高潮出现在20世纪初，《资本论》第三卷出版后，马克思主义学派内部就有人对利润率下降趋势理论抱有不同看法。例如卢森堡就对这个规律持怀疑态度。另一位德国女经济学家娜塔莉·莫兹科斯卡在1929年也认为，生产率的普遍增长必然导致投资货物的价格下降，资本有机构成的提高将被缓和，剩余价值率也会更快提高，因此利润率的下降并不是必然的。与此同时，另一些马克思主义经济学家竭力维护马克思关于利润率下降的命题，如希法亭和格罗斯曼等人。这个时期的讨论还是初步的，专门的著述不多。随着20世纪30年代资本主义大萧条的到来，这一争论也暂时沉寂下来。

第二次高潮出现在20世纪40年代初到50年代末。1942年，美国马克思主义经济学家保罗·斯威齐发表了《资本主义发展论——马克思主

① 马克思：《资本论》第3卷，人民出版社2004年版，第237页。

② 马克思：《资本论》第3卷，人民出版社2004年版，第278页。

③ 本部分的写作参考了高峰：《资本积累理论与现代资本主义——理论的和实证的分析》，南开大学出版社1991年版。

义政治经济学原理》一书，英国经济学家琼·罗宾逊也出版了《论马克思主义经济学》，两书同时对马克思的利润率下降趋势理论提出了严厉批评，从而掀起了第二次广泛争论。这一争论由于美国经济学家约瑟夫·吉尔曼 1957 年发表的著作《利润率下降》而更加深入。1959 年初到 1960 年初，美国理论刊物《科学与社会》开辟专栏，邀请著名经济学家发表意见讨论吉尔曼的著作。这次讨论无论在广度上还是在深度上都大大地把争论推向前进了。讨论从单纯的抽象理论分析发展到数学方法的论证和历史统计的经验证明。特别是吉尔曼的专著，计算了美国制造业近百年的统计资料，对利润率下降趋势第一次进行了长时期的经验检验，并对这一规律在资本主义垄断时期的作用形式提出了自己的独特解释。

第三次高潮发展在 20 世纪 70 年代至 80 年代。20 世纪 70 年代资本主义世界陷入深重的危机之中，出现了滞涨。随着危机问题的讨论重新兴起，围绕利润率问题的争论再一次活跃起来。和大萧条时期不同的是，越来越多的西方左派经济学家把利润率下降趋势置于危机理论的中心地位，包括大卫·耶菲、曼德尔和赛克等。这次讨论的深化表现在：通过一般理论分析日益结合方法论来探讨，数学论证和实证分析大大增多，利润率变动的研究不仅考虑到宏观经济后果，而且涉及微观基础；不仅考虑到长期趋势，而且也涉及周期性波动。美国的理论刊物《激进政治经济学评论》在 1972 年和 1986 年出版的危机问题专刊，大量涉及利润率下降的利润分析和经验研究成果。总的来看，这一时期论述到利润率下降问题的文章和著作，其数量之多、分析之深，都大大超过了以前。

进入 21 世纪之后，2007 年由美国次贷危机所引发的金融危机迅速发展成为全球性的金融危机，又迅速地发展成为严重的经济危机，从发达国家向周边国家蔓延，由金融领域向实体经济侵袭，并很可能引发全球经济的长期衰退。在西方马克思主义经济学阵营中，就利润率自 80 年代初以来是否仍维持下降趋势、当代金融危机是否发端于利润率长期下降这一问题，再一次产生了激烈争论。争论的一方认为，20 世纪 50 年代末至 80 年代初利润率显著下降，而 1982 年至 2001 年期间利润率并无持续反弹的趋势，因此利润率下降是 2007 年金融危机的根本原因。这一观点的主要支持者是克里斯·哈曼、安德鲁·克里曼、弗朗索瓦·沙奈、阿兰·弗里曼和路易斯·吉尔等。另一方则认为，利润率自20世纪80年代初以来持续上升，并几乎完全恢复了其前一阶段的下降水平，所以利润率与对金融危机的解读关系不大。这一观点的支持者主要是米歇尔·于松、热拉尔·杜梅尼尔、多米尼克·列维等。双方以西方一些左翼刊物及网站为媒介，撰写专门的争论文章或研究笔记进行争论。标志性的回合即如2009年6月于松题为《教条主义不是马克思主义》的论战性文章，及哈曼2009年10月的回应《不是所有的马克思主义都是教条主义：答米歇尔·于松》，以及克里曼的《言词之师：就当前危机的特点答米歇尔·于松》。于松又专门写了《关于利润率的争论》一文就双方的一些基本分歧再度申明自己的见解。这场争论焦点主要集中在以下三个方面：首先是作为可观察的经验现象的利润率趋势的问题，分歧主要来自对计算方式及其要素的不同理解与选择；其次，是如何理解马克思的平均利润率下降趋势规律的理论问题；最后，在上述背景下，应如何理解危机的本质。①

2012年《马克思恩格斯全集》历史考证版第2版（简称MEGA2）第二部分全部出齐，该部分收录了《资本论》及其手稿和全部准备材料，共计15卷（23册）。基于MEGA2文本的研究，海因里希宣称马克思不仅已经放弃了利润率下降理论，而且实际上没能建立起完整的危机理论。海因里希的文章在国际上引起了激烈争论，有学者指出，过分夸大恩格斯对马克思的修改，甚至宣称恩格斯背离了马克思，是不负责任的。马克思并没有放弃利润率趋于下降理论，无论在理论还是经验上，都可以证明马克思的利润率趋于下降理论的正确性。马克思基本已经完成了危机一般理论的建构，结合现实发展一个具体的危机理论需要当代马克思主义者继续努力。②

一个世纪以来的长期争论，焦点集中在资本主义社会一般利润率的

---

① 参见周思成：《欧美学者近期关于当前危机与利润率下降趋势规律问题的争论》，载《国外理论动态》2010年第10期，第29页。

② 参见谢富胜、汪家腾：《马克思放弃利润率趋于下降理论了吗——MEGA2Ⅱ出版后引发的新争论》，载《当代经济研究》2014年第8期，第27－28页。

长期变动趋势究竟如何，是否存在马克思所论证的一般利润率下降趋势规律。中心问题有两个：一是技术进步和劳动生产率的增长是否必然引起资本有机构成提高？二是资本有机构成提高是否必然引起一般利润率下降？各种理论观点和论证方法归根到底都离不开这两个根本问题。

三、争论的中心问题分析

自马克思提出利润率趋于下降规律以来，对这一理论的非议就从未停止过。这些非议不是对马克思利润率下降规律理论缺乏了解，就是出于对这一理论的误解，他们所提出的否定马克思利润率下降规律的观点是不能成立的。下文将列举相关争论并做出分析。

第一，以利润率上升的实证数据反驳利润率趋于下降规律。

某一国家或地区一段时期内的相关实证数据并不是证明马克思关于利润率趋于下降的规律的可靠依据。因为一般利润率是由各特殊生产部门利润率的平均化而形成的，而造成利润率下降趋势的同一些原因，又会产生一种和这种趋势相反的对抗力量去抵销下降趋势的作用。这种错综复杂的经济活动的全貌难以通过个别特定的数据样本反映出来。因此，本文对以特定的实证数据为依据反驳这一规律的观点不予以具体的评论。马克思说："一般说来，我们已经看到，引起一般利润率下降的同一些原因，又会产生反作用，阻碍、延缓并且部分地抵销这种下降。这些原因不会取消这个规律，但是会减弱它的作用。否则，不能理解的就不是一般利润率的下降，反而是这种下降的相对缓慢了。所以，这个规律只是作为一种趋势发生作用；它的作用，只有在一定情况下，并且经过一个长的时期，才会清楚地显示出来。"①

第二，马克思关于利润率下降趋势的规律科学吗？

布劳格指出，马克思认为利润率是趋于下降的，但同时又存在着几个因素阻止这一下降趋势，如劳动生产率比工资率增加更快，节约资本的技术的引进以及外贸的扩展等。既然如此，这些因素共同作用的结果，

---

① 马克思：《资本论》第 3 卷，人民出版社 2004 年版，第 266 页。

利润率到底是下降还是上升，是不一定的。凭什么肯定利润率必然下降呢？而且阻止利润率下降的因素正是由下降本身引起的，利润率及发展趋势就更难确定。①

利润率下降规律不是说利润率会一直不间断地下降。利润率下降规律是指在技术进步、劳动生产率提高的前提下，相对于不变资本而言，可变资本在总资本中的比例越来越低、活劳动的比例不断下降，在其他条件不变的情况下，利润率有下降的趋势。在资本积累不断增加和劳动生产率不断提高的条件下，虽然也存在各种阻碍利润率下降的因素，但是只要存在由资本积累和劳动生产率的提高所造成的资本有机构成的提高，就必然会出现不变资本的比重不断增加，可变资本的比重不断下降的趋势，从而也就存在着利润率下降的趋势。各种起阻碍作用的因素，只能延缓这种趋势，而不能取消这种趋势。② 必须破除把一般利润率下降看作是一个随时间推移而不断下降的持续过程这一错误观点。促使利润率下降的力量始终与促使利润率上升的力量相互交织，因而利润率的下降趋势体现在利润率的波动之中。对于一般利润率下降的趋势，既不应该理解为利润率的直线下降，也不应该理解为任何一个较后时期的利润率一定比前一个时期的利润率低。利润率的下降趋势体现为资本经营中经常存在的一种压力，这种压力会周期性地强化和突显，主要在经济周期的收缩阶段和经济长波的相对停止时期表现出来。

第三，资本有机构成一定会提高吗？

从价值方面来看，资本的构成是由资本分为不变资本和可变资本的比率，即分为生产资料的价值和劳动力的价值的比率来决定的。从在生产过程中发挥作用的物质方面来看，每一个资本都分为生产资料和活的劳动力。这种构成是由所使用的生产资料量和为使用这些生产资料而必需的劳动量之间的比率来决定。马克思指出，由资本技术构成所决定，

---

① 参见陈学明、张志孚：《当代国外马克思主义研究名著提要》（中卷），重庆出版社 1997 年版，第 95 页。

② 参见彭必源：《对国外学者非议马克思利润率下降规律的分析》，载《当代经济研究》2008 年第 1 期，第 4 页。

并且反映着资本技术构成变化的资本价值构成，叫做资本的有机构成。简单一点说，资本有机构成就是 c/v。科技进步和劳动生产率提高的结果，必然导致在全部资本中不变资本所占比重增大，可变资本所占比重相对缩小，从而导致资本有机构成的提高。

但是，相关研究数据表明，资本价值构成提高趋势出现时间上的间断和强度上的减弱。原因有二：一是物质生产部门大大加强了不变资本使用上的节约。在工业化初期，工业部门的迅速发展要求大规模的基本建设投资，这必然以不变资本的较快增长为特征；而当工业化初步完成后，生产的继续扩大更多表现为发挥现有物质资本的作用，进一步的技术变革也主要涉及机器设备的更新。同时，企业规模的不断扩大也带来规模经济效益，节约不变资本的使用。二是不变资本贬值的幅度和速度也加快了。由于技术进步的加速，劳动生产率提高得更快，固定资本的更新周期也更为缩短，这必然导致机器设备贬值的加快。马克思揭示的积累过程中资本有机构成提高趋势规律，由于经济条件的变化其作用的强度有所减弱，但并未消失。资本技术构成的不断上升和资本价值构成在大多数时期的提高，仍然是资本积累过程中的一个基本趋势，它对就业和企业利润率所产生的压力仍然存在。

第四，剩余价值率不变甚至提高时的利润率会下降吗？

《美国经济评论》1979 年 6 月号所刊载的美国纽约大学助理教授爱德华・N・沃尔夫（Edward. N. Wolff）的《1947—1967 年美国经济中的剩余价值率、资本有机构成和一般利润率》一文对马克思关于利润率趋于下降规律提出了诸多诘难。马克思说：“不变资本同可变资本相比的这种逐渐增加，就必然会有这样的结果：在剩余价值率不变或资本对劳动的剥削程度不变的情况下，一般利润率会逐渐下降。”[①] 沃尔夫指出，马克思认为资本有机构成的变化与剩余价值率的变化无关，这是错误的。因为由资本有机构成的提高是劳动生产率增进的标志，怎么能假定剩余价值率不变来说明一般利润率下降的倾向呢？在这里，沃尔夫并不能理解马克思所运用抽象分析方法，不懂得马克思在整个《资本论》中所运

① 马克思：《资本论》第 3 卷，人民出版社 2004 年版，第 236 页。

用的从抽象上升到具体的方法。除此以外，资本有机构成提高和不变的剩余价值率也是可以并存的。马克思曾经指出，产业的生产率提高了，工人的活劳动所创造的价值量在工人和资本家之间的分配可以不发生任何变化。[①] 提高劳动生产率是增加相对剩余价值量从而提高剩余价值率的方法之一。但是，人的生产率提高了，根据强度或复杂程度来计算的劳动力消耗也在增大。不增加应有的补偿，劳动力将在萎缩的状态下再生产。所以，作为劳动力价值的反映的实际工资也必须随着生产率的增进而提高起来。假如工人的实际工资能与每个工人平均创造的净产值同幅度地增长，工人的活劳动所创造的价值量在工人和资本家之间的分配将保持不变，也就是说剩余价值率可以保持不变。

马克思还指出了“一个同样的甚至不断提高的剩余价值率表现为不断下降的利润率”[②] 的可能性。这并非不可能。如上文所列举的第Ⅳ组情况。

Ⅰ、初始状态：$c/v=2$，$m'=m/v=1$，$C=6$

$4c+2v+2m$；$M=P=2$；$p'=m/(c+v)=2/6=1/3$

Ⅳ、资本有机构成提高 $c/v=5$，总资本量增加 $C=12$，剩余价值率上升 $m'=m/v=1.5$；

$10c+2v+3m$；$M=P=3$；$p'=m/(c+v)=3/12=1/4$

当总资本增加的速度（2 倍）小于资本有机构成提高的速度（2.5 倍）时，剩余价值率上升导致剩余价值量即利润量增加、利润率下降；

与初始状态相比，第Ⅳ组在资本有机构成和剩余价值率同时提高的前提下获得的利润率依旧是下降的。上文还曾强调过，由第Ⅳ组所表示的情况，即剩余价值率上升导致剩余价值量即利润量增加、利润率下降，

---

① 参见《马克思恩格斯全集》第 25 卷，人民出版社 1974 年版，第 255 页。
② 马克思：《资本论》第 3 卷，人民出版社 2004 年版，第 240 页。

此时剩余价值率的上升幅度相对较小；由第Ⅴ组所表示的情况，即剩余价值率上升导致剩余价值量即利润量增加、利润率上升，此时剩余价值率的上升幅度相对较大，弥补了资本有机构成提高所导致的利润率的下降。以上两种可能性在资本主义经济的运行过程中往往是结合在一起的。

第四节 垄断金融资本时代的资本积累对劳动者的影响

马克思指出，资本主义社会“在一极是财富的积累，同时在另一极，即在把自己的产品作为资本来生产的阶级方面，是贫困、劳动折磨、受奴役、无知、粗野和道德堕落的积累。”① 这是资本主义积累的一般规律。资本主义文明造成了一个两极分化的世界。在垄断金融资本时代，资本积累依然在形成一个继续不断分化的世界。利润与工资之间的对比在利益层面上直接体现了当代资本主义社会“强资本”与“弱劳动”的对比。资本主义生产越发展，资本有机构成越高，资产阶级积累的财富越庞大，无产阶级的贫困也就越深刻。

一、劳动者的“相对贫困”和“绝对贫困”

马克思关于资本主义制度下无产阶级贫困化的理论，是马克思主义政治经济学的重要理论之一，也是引发争议最多的理论之一。每当资本主义发展的相对稳定时期，就是无产阶级贫困化理论进行争论的高潮时期，尤其是关于绝对贫困问题的争论最激烈的时期。贫困化理论从本质上来说是关于贫困积累的规律，而贫困积累和资本积累同属于资本主义积累一般规律的内容，它构成马克思主义经济理论核心的一部分。那么，究竟什么是马克思原本意义上的绝对贫困和相对贫困？在垄断金融资本时代，资本主义社会是否还存在这样的贫困呢？

---

① 马克思：《资本论》第1卷，人民出版社2004年版，第743－744页。

第一，“相对贫困”和“绝对贫困”的内涵。

马克思指出：“工人的绝对贫困……无非是说，劳动能力是工人唯一能出售的商品，工人只是作为劳动能力与物质的、实际的财富相对立。”① 绝对贫困指在资本主义生产方式下劳动与财富的分离，即劳动者被剥夺了包括生产资料和生活资料在内的一切物质财富，而劳动与生产资料的分离是劳动者的生活资料被剥夺的根源所在。绝对贫困指工人所处的除了拥有自身的劳动能力以外，其他一无所有的状况。马克思认为，无产阶级的“绝对贫困”表现了资本主义社会中基本阶级的对抗关系。“被剥夺了劳动资料和生活资料的能力是绝对贫困本身”。② 劳动能力由于被剥夺了劳动资料即被剥夺了通过劳动占有自然因素所需的物的条件，它也就被剥了生活资料。所以，仅仅考察生活质量范围的贫困状态，而忽视生产资料占有上的贫困状态，这既不符合马克思关于“绝对贫困”的原意，也不符合马克思一贯的立场和分析方法，更不符合无论是现在还是过去资本主义社会的基本现实。从无产阶级的劳动从属于资本这一前提出发，只要在资本主义社会中存在无产阶级的劳动从属于资本，那么绝对贫困就一直会存在。因而绝对贫困是一般性规律，但该规律的表现形式是具体的、多样的。“绝对”一词一般是讲无条件的意思，是不受任何限制的意思。这里的绝对贫困其实也是有条件的，即在资本主义生产方式的制度框架之下。在资本主义制度条件下，无产阶级贫困化是绝对的，它是“一切客体都完全被剥夺的劳动的可能性”。

马克思曾经指出：“不管工人的报酬高低如何，工人的状况必然随着资本的积累而日趋恶化。”③ 这句话经常作为阐释马克思关于绝对贫困的观点而被引用。但是，这句话似乎是不可理解的，为什么报酬高时也必然随着资本积累而日趋恶化呢？在马克思看来，资本主义的生产过程是价值增值过程和生产关系再生巩固过程的统一。马克思在这句话的前面曾说：“一切生产剩余价值的方法同时就是积累的方法，而积累的每一次

① 《马克思恩格斯全集》第47卷，人民出版社1979年版，第40页。
② 《马克思恩格斯全集》第47卷，人民出版社1979年版，第38－39页。
③ 《马克思恩格斯全集》第23卷，人民出版社1972年版，第708页。

扩大又反过来成为发展这些方法的手段。"① 生产剩余价值的方法无非是使用提高劳动生产率的相对剩余价值的生产方法和延长劳动日或提高劳动强度的绝对剩余价值的生产方法，也就是加强剥削从而获取更多剩余价值的方法。工人的报酬即使提高了，劳动者对于资本的隶属关系进一步加深，并逐步从"形式上的隶属"发展到"实质上的隶属"。

马克思在《剩余价值理论》一书中评价李嘉图时指出："他更应该理解，仅仅以剩余价值为目的的即以生产群众的相对贫困为基础的生产形式，绝不能像他一再说明的那样，是财富生产的绝对形式。"② 从马克思的这些话来看，工人的相对贫困是指在以剩余价值为目的的资本主义生产的条件下，工人必须把自己创造的价值的一部分无偿地交付给资本家占有。马克思所说的相对贫困是从以剩余价值为目的的生产所决定的分配关系的角度考察的。资本主义生产是"以剩余价值为目的即以生产者群众的相对贫困为基础的"。③

在马克思关于无产阶级贫困化的理论中，绝对贫困与相对贫困并不是位于同一层次上的两个相对立的概念。绝对贫困指工人所处的除了拥有自身的劳动能力以外，并不占有其他生产资料；而相对贫困是指资本家无偿占有工人在剩余劳动时间中创造的价值，而工人只得到他的劳动力的价值。绝对贫困与相对贫困之间的关系，是生产和分配之间的关系。绝对贫困指向的是资本主义的生产关系，而相对贫困指向的是资本主义的分配关系。前者决定了后者，生产资料上的一无所有决定了工人创造的剩余价值被无偿占有，绝对贫困是相对贫困的根源；后者反过来强化了前者，资本家无偿占有剩余价值的分配结果进一步加深了劳动力与财富的分离，相对贫困是绝对贫困的积累和再生。

在绝对贫困和相对贫困中都存在着一个共同的东西："劳动把劳动客观条件——因而也是把劳动本身所创造的客体性——看作他人财产的关

---

① 《马克思恩格斯全集》第 23 卷，人民出版社 1972 年版，第 708 页。
② 《马克思恩格斯全集》第 26 卷第 3 册，人民出版社 1974 年版，第 135 页。
③ 马克思：《资本论》第 3 卷，人民出版社 2004 年版，第 135 页。

系：劳动的异化。”① 马克思关于无产阶级贫困化的理论，是从分析资本主义的生产过程、揭示资本主义社会的经济运动规律中得出的科学结论。马克思依据资本主义积累的一般规律，揭示了资本积累所引起的资产阶级的财富积累与无产阶级的贫困积累两者之间的内在联系，科学地论证了资本主义制度下无产阶级贫困化的必然性。

第二，金融化使得劳动者的“相对贫困”加剧。

金融化进一步巩固了资本的地位，社会两极分化加剧。资本主义生产越发展，资产阶级积累的财富越庞大，无产阶级的相对贫困也就越深刻。2010 年，美国最富裕的 20% 的家庭得到了全部家庭收入的 50. 2% ，最穷的 20% 的家庭得到了 3. 3% 。而这两个数据在 1980 年时分别是 44. 1% 和 4. 2% 。2010 年美国最富裕的 5% 的家庭获得的收入份额是 21. 3% ，1980 年这一数据为 16. 5% ，在这 30 年里增速为 29. 1% 。2010 年这 5% 的家庭获得的收入比最底层的 50% 的家庭的总收入还要多。美国的基尼系数在近 30 年里一直在上升，从 1980 年的 0. 403 增长到 2010 年的 0. 469 。②

当金融泡沫破裂之时，最先感受到切肤之痛的是工人和其他过度借款的人。工人家庭通过借债来维持其消费水平，推动了经济的增长，却背负了沉重的债务负担。财富，尤其是金融资产，是收入的来源，收入不平等的扩大反映了财富不平等的扩大。泡沫经济时期股价上涨使得日本社会收入分配的差距拉大。股票是有钱人的金融商品，实际上一半以上的股票被最高收入阶层所持有。企业间的互相控股是日本的特色。如果把股东仅限于个人的话，只有 10% ~15% 的人持有股票。日本发行的股票总数中，80% 是由金融机构以及公司等法人所持有的。③ 在泡沫经济时期，持有股票的个人不过是少数高收入者而已，能享受到股价上升好处的只是一部分富裕者及法人，普通劳动者难以从繁荣的股市中分到

---

① 《马克思恩格斯全集》第 46 卷上册，人民出版社 1979 年版，第 519 页。

② 参见 Michael D. Yates. *The Great Inequality*. Monthly Review. Mar. 2012.

③ 参见［日］橘木俊诏，丁红卫译：《日本的贫富差距——从收入与资产进行分析》，商务印书馆 2003 年版，第 109 页。

一杯羹。2009 年，美国底层 90% 的家庭只占有 17.3% 的金融资产。最富裕的 1% 的家庭拥有全国 42.4% 的金融资产（如股票、基金、银行账户等），而 1983 年这一个数据为 33.1%，其间增长了 7.5%。如果考察最富裕的 5% 的家庭，该数据从 1983 年的 58.1% 增加到 2009 年的 63.5%，增长幅度为 9.3%。[①] 收入与财富的不平等不断扩大，产生了资本主义社会长久以来未能解决的难题：积累的过程取决于工资的不断降低，而它最终却要依赖以工资为基础的消费来支持投资和经济增长。

2007 年金融危机来袭，使得美国经济再次进入低谷，其后两年逐渐走出衰退。从 2008 年第四季度开始，相比起工人工资，公司税前利润增长得较为迅速：利润增长了 5720 亿美元（57%），而工资则减少了 1210 亿美元（2%）。在 2007—2009 年间，公司税前利润增加了 3880 亿美元，而工资总收入只增加了 680 亿美元。公司利润在以上两类收入的增加总额中所占的比重是 85%。这一数据达到了历史新高。在以前的四个衰退时期，这一比重分别是 54%、0、10% 和 9%。[②]

从 2011 年开始，就持续周期不一的各种失业率而言，美国的数据都有所下降。但是，在经历了 2007—2009 金融危机以后，失业率一直居高不下。这说明危机对普通劳动者的打击是巨大的。所有工人的真实工资自 20 世纪 70 年代有所下降，比 40 年前下降了 10 个百分点。从 1999 年到 2012 年，拥有两个收入获得者的中等家庭的真实收入水平也下降了约 9 个百分点。然而，从 1982 年到 2012 年，公司税后利润占 GDP 的比重上升了 7 个百分点。2012 年公司利润达到了近 50 年来的历史新高，即占 GDP 的 10.8%。在经济从危机中逐渐复苏的时期里，最上层的 1% 的人的得到了美国全部收入增长总额中的 95%。2002 年至 2012 年间，人口底层 90% 的家庭其平均收入（初开资本性收益）下降了 11%，而最顶层的 0.01% 的家庭其平均收入则上涨了 76%。[③]

---

① 参见 Michael D. Yates. *The Great Inequality*. Monthly Review. Mar. 2012.

② 参见 Andrew Sum and Joseph McLaughlin. *The Massive Shedding of Jobs in America*. Challenge, November - December 2010.

③ 参见 Fred Magdoff and John Bellamy Foster. *The Plight of the U. S. Working Class, Monthly Review*, Jan. 2014, Vol. 65, Issue08.

第三，垄断金融资本时代劳动者的“绝对贫困”依然存在。

当代资本主义生产关系的基础依然是资本主义私有制，资本与雇佣劳动的对立仍是当代资本主义的基本特征，这一点是不容否定的。资本主义基本矛盾在当代突出表现为生产能力的无限增长和社会有效消费需求有限增长的矛盾。这一矛盾在当代集中暴露了资本主义的弊端，凸显出资本主义生产关系的历史局限性。这些矛盾依然支配着当代资本主义的发展，决定着当代资本主义的基本格局和基本走向。但是，在当代资本主义社会，劳动者对于生产资料的占有不再处于一无所有的状态，生产力水平对生产资料的占有格局提出的社会化要求愈益强烈。资本主义生产关系开始在不断的自我调整中去应对社会生产力发展提出的新要求。

资本积累过程的金融化在促进资本占有社会化的过程中扮演着重要的角色。具有改良性质的、调整资本占有方式的资本社会化措施被提出来了，其中最典型的方法是职工持股计划。职工持股计划是美国经济学家和律师路易斯·凯尔萨（Louis Kelso）根据他的“双因素经济论”提出的。他认为在现代经济中，劳动价值论的作用退化了，而资本创造财富的作用越来越大，现代经济已不是一个劳动创造价值的单因素经济，而是资本和劳动共同创造财富的双因素经济。西方经济体系的失败之处在于不仅没有铲除贫困，而且使得贫困不断向中产阶级蔓延。贫困并不能通过就业而根治。人们有权力要求过富裕的日子，而资本是后工业社会中维持生活水平的核心工具。凯尔萨指出，马克思没有看到工业革命不仅改变了工作的性质，而且改变了工作的目的。自动化的机器运作取代了人的劳动，这就说明不仅仅是劳动创造了财富。但他指出，如果仅仅少数人掌握和拥有资本，那么势必剥削和主宰广大的非资本所有者——无产阶级。凯尔萨和马克思一样，认识到了资本主义社会的矛盾源于资本与劳动的分离，由此带来了财富与劳动的分离、富人阶层与穷人阶层的分离，更进一步导致了资本主义社会的经济危机、金钱政治和阶级斗争。但是，两者提出了不同的解决方案，这两种方案建立在不同的理论基础之上。马克思在劳动价值论的基础上提出了剩余价值论，指出抽象劳动是唯一的价值实体。资本主义社会最大的弊端，在于资本凭借其对生产资料的私有权无偿占有了剩余价值。祛除这一弊端的唯一出路在于工人阶级联合起来，推翻资本主义私有制，建立社会主义公有制，使劳动者成为资本所有者，实现所有权的转移。而凯尔萨的“双因素经济论”认为，现代经济是资本和劳动共同创造财富的双因素经济，而且资本创造财富的作用越来越大。依据资本所有权而得到的对生产成果的收益权是合理的，而不是剥削。美国的经济政策宣称每个人单凭工作就可以生活得很好，它们还暗示了那些拥有资本的人也没有什么不同，假定工业贫困可以通过工作和就业得以治愈。凯尔萨否定了以上观点并指出，只有资本才是每一个后工业经济中生活微细系统的中心成分，解决的方案在于改进资本主义制度。于是他提出了“民主资本主义”的概念。走向“民主资本主义”的直接途径就是采取经济措施使每个公民都有权成为资本工人，广为人知的方法就是职工持股计划。对大资产阶级来说，小额资本的社会化并不会影响其垄断地位，而且政府也为实施 ESOP 的企业给予一定的税收优惠；对广大劳动者来说，他们也愿意用劳动收入购买小额股票，以期获得更多收入，因此 ESOP 受到社会各界人士的欢迎。例如，在 2013 年 Carl Warren 公司被评为美国年度最佳 ESOP 公司，该公司成立于 1944 年，为员工提供了长达 70 年的所有权和诉讼管理服务。这家由雇员所有的公司雇佣了超过 350 人，共设有 35 个办公室。1975 年公司开始实施 ESOP，38 年后公司和雇员股权所有者们更加致力于完善 ESOP。雇员股权所有者们以企业文化为荣，和公司一起共同享有所有权。①

职工持股计划的日益普遍也可以从美国雇员薪酬组成结构的变动中反映出来。美国雇员薪酬包括工资和补充报酬两个组成部分。1997 年雇员工资所占国民收入份额低于 1959 年 4.2 个百分点，雇员附加报酬所占国民收入份额却高于 1959 年的 6.7 个百分点，雇员附加报酬在雇员薪酬总额中所占的比重从 1959 年的 7.6% 上升到 1997 年的 16.9% 。但是，天下没有免费的午餐。职工持股的普遍运用一方面使得企业收入分配向资本倾斜，另一方面加大了经理阶层和企业普通员工之间收入分配的失衡，经理层与职工之间收入差距扩大。《商业周刊》每年公布职工与经理人

---

① 参见 *ESOP Company News*，ESOP Report，Jul. 2013，pp. 11 – 13，3/4p.

员之间的收入差距。1990 年 CEO 的平均报酬是工人的 84 倍，1995 年是 140 倍，1998 年是 326 倍，1998 年则跃升到 416 倍。[①]

ESOP 计划也将企业经营的部分风险转移到职工身上。有研究者指出，“ESOP 既不是取得成功的灵丹妙药，也不是治愈失败的药方”。[②] 这一计划潜在的好处是使工人在企业中有一点利害关系，可以获得部分税收减免。潜在的负面后果就是沉重的债务负担，一旦公司破产，工人们就会失去他们的退休储蓄。正如拉特杰斯大学管理与劳动关系学院（School of Management and Labor Relations，Rutgers University）的教授克鲁斯所指出的：“实际上，职工持股只是公司经营是否顺利的一个影响因素而已”。还有文章更为明确地指出：“如果其他的办法都失败了，那么就把部分普通股交给工人。这似乎已经成为美国私人公司的新信条……任何想要据此来缅怀罗伯特·欧文（‘工人合作之父’）或路易斯·凯尔萨（在 1956 年提出实行 ESOP 的美国律师）的精神的人，恐怕都不免失望。凯尔萨在《资本主义宣言》一书中曾倡导工人们在公司决策中发挥决定性的作用，但现实中没有一项协议显露出任何相关的征兆。”美国雇员持股中心负责人罗森指出，ESOP 并不是神奇的。现今的 ESOP 计划仅仅着力于获得狭隘的财政目标，而并不是要与工人建立摆脱偏见的联系。[③] 西方发达国家企业职工持股的实践表明，职工持多数股是职工持股的非典型情形。从大量的个案来看，这种情形在职工持股中并不多见。美国国家员工所有权中心（NCEO）提供的数据显示，在美国实施职工持股计划的非上市公司中，只有 1/5 的职工持股计划拥有绝对的控股权，而在公开上市公司中这一比例仅为 1%。一般而言，职工持多数股只有在一些较为特殊的情况下才会出现，如企业濒临破产和倒闭、雇主即将退休而无继承人等。美国威尔顿钢铁公司的职工持股就是一宗典型案例。1984 年，该公司面临破产，为了使公司免于清偿的命运，职工以自愿降

---

① 参见陈宝森：《剖析美国“新经济”》，社会科学文献出版社 2007 年版，第 236 页。

② Edward Iwata. *ESOPs can Offer both Upsides, Drawbacks*. USA Today，Apr. 3 2007.

③ 参见 *An ESOP to the Workers*. Economist，Apr. 14 2007，Vol. 383 Issue 8524.

低工资的方式，利用银行贷款买下企业的全部股权。1994 年，美国第二大航空公司 UAL 公司在出现财务困难并面临被接管的威胁时，也使职工购买了公司 55% 的股份，公司希望以此降低成本、增进职工的所有者意识，后来，公司获得了很大的成功，并超过了像西南航空公司这样的竞争对手。1994 年，英国图立斯拉塞尔公司则是由于家族成员想卖掉公司股份，而又不愿抛弃帮助建设公司的职工们，因而使职工持有企业全部股份得以实现。由此可见，职工持多数股大多被当作一种应对危机的手段，是在个别有产者继续经营遇到困难因而企业职工处于相对优势的情形下发生的。因此，一旦危机过去，成功的职工持股企业容易向资本主义传统股份制企业重新回归。①

利润分享制和股权分散化的实施，反映了战后资本主义企业产权关系和分配关系适应生产力社会化发展的一面。但是，股权分散化与大资本集中化并行不悖。雇佣劳动者的家庭金融财产不能脱离金融垄断资本而独立存在，这样，雇佣劳动者对资本的间接从属由于工人持股而更加深了。ESOP 的实施无法从根本上改变美国社会的两极分化，其不彻底性源于错误的理论根基。关于劳动价值论与多元价值论，这是一场持续已久的争论。尽管自动化的机器运作取代了人的体力劳动，技术创造已逐渐将传统意义上的体力劳动从生产过程中排挤出来了，但这并不意味着抽象劳动不再是唯一的价值实体。马克思主义经济学范畴内的“劳动”，并不仅仅局限在体力劳动的范围之内。马克思所讲的“总体工人”，不仅包括了从事体力劳动的工人，而且也包括了从事脑力劳动的技术工人。尽管在现代经济中资本创造财富的作用越来越大，但资本终究也只是物化劳动的积累。双因素价值论与劳动价值论最大的分歧，体现在两者对资本索取剩余价值的合理性和合法性持有截然相反的观点。ESOP 可以被看作凯尔萨所提倡的“经济民主”的形式之一。且不论实践的过程和结果，就 ESOP 旨在将资本所有权部分地转移到工人手中这一点来看，它毕竟是进步的。当代资本主义在逐步汲取社会主义的因素。凯尔萨曾经

---

① 参见梁爱云：《西方发达国家职工持股企业产权制度分析》，载《广西师范大学学报》（哲学社会科学版）2005 年第 1 期，第 10 页。

指出，“民主资本主义”的经济应是一个私有的、自由的经济，是资本工人和劳动工人广泛合作创造物质的经济。人们有权通过提供足够的经济力量参与生产，从而获得足够的收入来享受生活。市场经济是个均衡系统，每个人都是消费者和生产者，当财富积累到超越本身的生活所需时，就变得无用而有害，剥夺了别人要求资本的权力。凯尔萨设想人人拥有资本且拥有的资本量不超过自身的生活所需，不会剥夺他人拥有资本的权利。这一美好愿望在资本主义社会恐怕很难实现，因为积累是资本的天性。事实上，工人持股仅仅是一种分配方式，工人的股票也仅仅是他所获得的劳动报酬的凭证。工人作为小股东不可能同资本分享权力，相反，资本却通过职工持股制把雇员的储蓄同企业效益联系起来，并得到员工忠于企业的好处。

从西方发达国家企业职工持股的实践来看，职工持有企业少数股份是职工持股的主导形式。在这种情形下，形成了以资本为主导的资本与劳动联合占有企业的产权制度。在大多数情况下，职工持股本身不过是象征性的，企业主体上还是资方的资本联合。例如，从 1973 年到 1988 年间，日本上市公司中职工持股会持股的比重仅在 0. 66% ~1. 42% 之间。甚至在职工持股会成为第二大股东的日本电信电话股份公司中，职工持股会的持股比例也仅为 0. 97% ，还不及第一大股东大藏大臣 65. 62% 的 1. 5% 。英国职工持股企业中，职工手头持有的股票也非常有限，有半数以上的企业职工所持有的股份资本还不到 1% ；只有为数不多的公司职工持股超过了投资保护委员会所规定的 10% 的限度。在美国，3/4 的企业职工持股计划拥有相应公司的股票少于 25% ，并且这个比例的中位数是 10% ；在布雷斯（Blasi）教授研究的 562 个公开公司中，职工平均只持有本公司 13% 的股权。①

2011 年美国“工作着的穷人”（the working poor，即在劳动力市场中至少停留 27 周以上，得到的收入却仍然低于官方贫困线的人）的总比重为 7. 0% ，只比 2010 年的数据减少了 2 个百分点。在逐渐走出衰退的过

---

① 参见梁爱云：《西方发达国家职工持股企业产权制度分析》，载《广西师范大学学报》（哲学社会科学版）2005 年第 1 期，第 11 页。

程中，以家庭为单位计算的“工作着的穷人”的比重却在逐渐增加，从2007年到2011年分别为6.4%、6.9%、7.9%、8.1%和8.3%。

二、劳动过程呈现出新特点

在垄断金融资本时代，资本主义社会的劳动过程呈现出许多不同于马克思时代的新特点。在马克思著作中从属性质的和无关紧要的分析，在今天看来却是生产方式中的重大问题。关于劳动过程和阶级结构等，只有一些抽象概念并不够，我们还需要在更为具体的分析层次上说明时代变迁中的新特征。

第一，金融服务劳动的生产性日益突显。

在亚当·斯密的时代，资本家雇用服务劳动并不是在他积累资本的时候，而是在他花费利润的时候。因此，服务劳动被看作一种非生产性劳动。在现代社会，当雇人进行服务性工作成为一种有利可图的活动、成为生产经营的一部分之后，社会对服务劳动的态度发生了转变。在垄断金融资本时代，金融服务劳动更是已经发展成为利润的主要来源。马克思也没有作过专门的论述，但他也曾经指出：“服务无非是某种使用价值发挥效用，而不管这种使用价值是商品还是劳动”。[①] 生产与消费的同步是服务劳动不同于有形产品的突出特点，这种劳动发挥的效用本身就变成了一种商品。今天，第三产业和第四产业在社会财富的生产中日益发挥着重要的作用，商品的生产也越来越多地表现为无形商品的生产，生产商品的劳动也开始由物质生产劳动扩展到精神生产劳动。马克思也没有作过专门的论述，但是，马克思对他那个时代的生产劳动问题的论述，对我们现在理解第三产业的各类服务产品与价值创造之间的关系问题，仍然具有重要的指导意义。

马克思对生产劳动的界定，并不是以物质生产领域或非物质生产领域为根据的，而是着力于直接的或间接的从事物质产品的生产。不管是直接从事物质生产，还是间接从事物质生产，这样的劳动都是创造价值

---

① 马克思：《资本论》第1卷，人民出版社2004年版，第224－225页。

的。我们再往前推一步，如果生产的是非物质产品呢？马克思在他那个年代对生产劳动界定的认识，应该随时代的变化而变化，随经济现实的发展而发展：不仅直接的或间接的从事物质产品的生产是生产劳动，而且直接的或间接的从事产品生产的劳动也是生产劳动。金融服务能够促进技术进步，可以改变企业组织结构和企业规模，能够提高投融资水平和效率，还能促进产业结构优化和升级，对经济发展具有重要意义。金融服务劳动的生产性是十分突出的。金融服务与实体经济领域的生产息息相关，现如今金融服务行业已经渗透到经济发展的各个领域。

所以，我们可以把马克思对生产劳动的界定往前推一步，得出这样的结论：根据马克思的观点，我们可以不对第三产业、第四产业作物质生产领域和非物质生产领域的区分，它们的劳动只要是间接地从事物质产品的劳动就是生产劳动，并扩展到间接地进行产品生产的劳动就是生产劳动。扩大生产劳动的外延，这就是我们结合时代的特征对马克思劳动关系理论尤其是劳动价值论所做的一种发展。这无疑将劳动的范围进行了拓展，也就使得对劳动范围的界定不再局限于传统的制造业，金融、服务、教育以及文化等产业的劳动也包括在内。

第二，“中间阶层”的队伍更加庞大。

资本积累过程的金融化使得从事金融业和相关管理工作的办公室人员增加，管理工作本身已经变成了劳动过程的一部分。马克思曾经指出：“为了从事生产劳动，现在不一定要亲自动手，只要成为总体工人的一个器官，完成他所属的某一种职能就够了。”[①] 在马克思那里，“总体工人”还是一种理论的抽象。当历史演进到垄断金融资本时代，这一抽象的理论获得了进一步的现实诠释：与金融服务相关的从业者们也成为“总体工人”的一部分。这使得对原先单一的直接劳动者的理解变得更加复杂，也使得抽象劳动的主体进一步扩大了。上文曾经指出，资本积累过程的金融化加剧了社会的两极分化，确切地说，应该是“三极分化”：包括“掌权者”即资本所有者、少数专家和大量机械般动作的人。部分从事金融服务的人员成为专家，马克思时代“劳动—资本”二元对立关系，

① 《马克思恩格斯全集》第23卷，人民出版社1972年版，第556页。

逐渐演变为“资本—非技能劳动—技能劳动”的三元对立关系。从资本积累的基本领域来看，虚拟资本的积累已大大超过实际资本的积累。因此，资本积累过程的金融化还对实体经济领域的从业人员产生了挤压，间接地减少了他们的就业机会和在业工资。

随着经济金融化的发展，“大量机械般动作的人”中的一部分从车间走进办公室，“少数专家”也逐渐扩大成一个人数众多的技术人员和服务人员群体，所谓“中间阶层”的队伍日益庞大了。这似乎破坏了马克思的两极阶级结构，对马克思的阶级理论提出了挑战。在这些“中间阶层”中，少部分人通过占有资本而成为“掌权者”阶级中的一员。一个人要凭借拥有资本而成为资本家阶级，他就必须占有足够的财富，这是资本主义发展初期争取成为这个阶级成员的唯一条件。但是，随着经济金融化的发展，资本家阶级向职业经理人敞开了大门。在这种情况下对资本的占有是由于取得了经理职位，占有财富不再是唯一途径。“中间阶层”中的大部分人成为办公室职员，即通常所说的“白领”。马克思的反对者们曾依据大量办公室职员出现的事实，证明马克思关于“无产阶级化”的论点是站不住脚的。从表面上看，以办公室职员为代表的一个庞大的“中产阶级”的发展体现了“非无产阶级化”的趋势，但真正的结果是创造了一支庞大的新型无产阶级队伍。重要的不是劳动的具体形式和工人的具体职业岗位，而是它作为雇佣劳动为资本生产利润的实质。一般来说，根据在生产资料占有中的关系把工人阶级界定为必须把劳动力出卖给占有劳动手段的人的阶级，这一点并无太大争议。问题在于在当前的情况下，当这个定义包括了各种各样的职业阶层时，重要的并不是单纯的定义，而是定义的应用。由于管理工作和办公室工作在 19 世纪还没有发展成为一种普遍的劳动过程，这使得马克思对分析这种现象的早期尝试略显不足。

与金融服务相关的从业者们到底是工人还是资本家？其实，所谓“中间阶层”的表述本身也代表了一种态度，它主张社会结构中的某些职位不能简单地归为任何一种阶级地位。在这一态度的启发下，美国威斯康星大学社会学教授埃里克·欧林·赖特（Erik Olin Wright）建立了一个新概念，那就是“阶级关系内的矛盾定位”（contradictory locations within class relations)，其基本要点在于：不要把所有的地位都看作是唯一地定位于特定的阶级，从而看作是具有其自身权利的内在一致的阶级特征，而是应当把某些地位看作可能具有多重阶级的特征；它们可能同时处于多个阶级之中。这些地位的阶级性质是派生出来的，以它们所隶属的基本阶级为基础。通过判断“中间阶层”对货币资本、物质资本和劳动的控制关系，以及每一种控制关系中的“级别”——全部控制、部分控制、微量控制和没有控制，工人和资本家可以根据三大控制维度上完全的两极分化来界定；包括管理者等在内的“中间阶层”的阶级特征，则从对某些（并非全部）维度拥有全部或者部分控制（高级行政人员），延伸至对货币资本和物质资本完全没有控制而对劳动只有部分或微量控制（领班和生产线主管）等等。赖特的理论突破了对“中间阶层”进行单一阶级定位的传统思维，与关于劳动过程从本质上趋同的结论之间形成了互补。

三、垄断金融资本时代的“积累悖论”

金融化通过在 FIRE 部门创造就业岗位，将提高财产价格转变成新的需求，带来各种财富效应，以此来帮助经济走出停滞。但是，金融化并不能解决生产领域内的停滞问题，相反在某些方面使其进一步恶化。金融相对于实体经济的增长也意味着金融泡沫破裂危机的出现。中央银行在遏制金融体系崩溃方面的作用越有效，爆发更严重危机的潜在危险就越大。经济停滞和金融化的共生关系意味着每一次出现金融问题，中央银行都被迫介入以挽救脆弱的金融体系，以免作为一个整体的金融上层建筑崩溃，以免容易滞胀的经济进一步被削弱。这就导致了金融体系长期地、逐渐地失去管制，也导致了政府权威人士对金融创新的积极鼓励。由于利润的增长主要通过抑制与生产力相关的工资增长，这最终制约了资本自身的扩张。资本家常常试图通过新投资和进一步增加资本利润来扩大他们的利益和财富，但这不可避免地和底层人民的相对贫困发生了冲突。而底层人民的相对贫困造成有效需求不足，消费的障碍最终会导致投资的障碍。剩余生产能力的增长会阻碍形成新的资本，因为企业的现有生产能力大量闲置时，他们不会愿意投资新的工厂和设备。由金融泡沫支持的虚假需求造成了过度积累的趋势，这种过度积累的趋势又导致垄断资本主义体系的经济长期停滞。为了对抗停滞，新的金融衍生工具又被创造出来。这就是垄断金融资本时代的“积累悖论”，即经济停滞与金融膨胀的恶性循环。

美国垄断资本学派学者福斯特认为，所谓的“积累悖论”是垄断金融资本发展及引发一系列经济危机的根源。由于利润的增长主要通过抑制与生产力相关的工资增长来提高劳动剥削率，这最终制约了资本自身的扩张。过度积累的趋势造成了成熟的垄断资本主义体系的经济长期停滞。但是，能否将“积累悖论”作为引发经济危机的根源，这一点有待商榷。“积累悖论”作为资本主义经济体系运行中的一种表象，其背后蕴藏着深层次的原因，即资本主义制度的基本矛盾。“积累悖论”只是资本主义基本矛盾的具体表现之一。只有认识到这一点，才能对如何打破“积累悖论”做出正确的回答。福斯特较少提及这一方面，但一般都在相关论著的最后简要提出社会主义政策问题。他曾经指出：“在新的投机年代，所有的固体都在空气中融化。在困难而危险的时代，除了坚持人的可持续发展的社会主义之外别无他法。无论在哪个层面上，我们的希望都必须依托于此。”[①] 但是，如何将这一倡议具体化是一个需要长期探讨的问题。

在现代国有垄断资本的剩余价值生产过程中，以等价交换形式掩盖劳动者受剥削的实质又有了新的特点。由于国有垄断资本的所有者是国家，国家在形式上是全社会的代表，它把全体公民置于形式上的平等地位，所以它给人以假象：对社会全体成员来说似乎都一样能得到作为国家财产的那些生产资料和产品。这就以形式上的平等掩盖了真正存在着的雇佣工人与生产资料的分离，国有垄断资本成为雇佣劳动者创造的剩余价值的合理占有者。虽然国有垄断资本的出现加强了对雇佣劳动的剥削，但另一方面它也潜藏着社会主义因素，是迈向国家所有制的前阶。

---

① 参见 John Bellamy Foster. *The Age of Monopoly – Finance Capital*. Monthly Review. Feb. 2010，pp. 1 – 13.

马克思明确指出："所谓的分配关系，是同生产过程的历史地规定的特殊社会形式，以及人们在他们的人类生活的再生产过程中相互所处的关系相适应的，并且是由这些形式和关系产生的。"① 马克思对所谓的"三位一体"的分配公式进行了批判。在资本主义经济学家的论述中，资本、土地和劳动都被提出过两次，一次是作为生产要素，一次是作为收入源泉。各生产要素在使用价值的创造中的确是必不可少的，但是"三位一体"的分配公式却忽视了三者之间的内在联系。资本是劳动的积累，是创造价值的条件而不是施动者。同样，剩余价值也不可能是土地创造的。而"三位一体"的分配公式还将雇佣劳动等同为抽象劳动，有意抽取了它所具有的资本主义的历史形式。所以马克思下结论说："在这个表示价值和财富一般的各个组成部分同其各种源泉的联系的经济三位一体中，资本主义生产方式的神秘化，社会关系的物化，物质的生产关系和它们的历史社会规定性的直接融合已经完成：这是一个着了魔的、颠倒的、倒立着的世界。"②

---

① 马克思：《资本论》第3卷，人民出版社2004年版，第999-1000页。
② 马克思：《资本论》第3卷，人民出版社2004年版，第940页。

第三章　垄断金融资本时代马克思主义经济危机理论的当代性

经济危机理论在马克思主义传统中一直发挥着核心作用，但同时又是马克思主义经济理论中最有待发展的领域。正确理解危机理论离不开马克思主义意识形态的语境，然而仅从意识形态出发是不够的，从严格的科学理性出发对危机理论进行探讨也同样重要。马克思并没有提出一个完整的危机理论，他关于危机理论的分析包含在对其他问题的探讨中。在马克思看来，危机是资本主义生产方式历史趋势的高潮，在某种意义上又是最浅显的表现。因此，马克思的危机理论应该作为他关于资本主义生产方式动力这一更广阔的论述的一部分，是为了更加深刻地分析资本主义的动力机制。

第一节　马克思的经济危机理论及其当代意义

马克思认为，在物物交换的形式下，买和卖同时发生，因此不存在产生危机的因素。马克思说："在所有情况下：如果买和卖彼此不发生梗阻，因而没有必要强制地加以平衡，另一方面，如果货币作为支付手段发挥作用的结果是彼此的债权相互抵消，也就是说作为支付手段的货币中潜在地包含着的矛盾没有成为现实；因此，如果危机的这两种抽象形式本身并没有实际地表现出来，那就不会有危机。只要买和卖不彼此脱离，不发生矛盾，或者只要货币作为支付手段所包含的矛盾不出现，因而，只要危机不是同时以其简单的形式——买和卖矛盾的形式和货币作为支付手段的矛盾的形式——出现，那就不可能发生危机。”①

马克思认为，经济危机的一般可能性在资本的形态变化过程本身就存在，并且是双重的：如果货币执行流通手段的职能，危机的可能性就包含在买和卖的分离中；如果货币执行支付手段的职能，货币在两个不同的时刻分别起价值尺度和价值实现的作用，危机的可能性就包含在这两个时刻的分离中。危机作为生产和需求失调的现象，是随着商品交换而产生和发展的。在货币执行购买职能的过程中，有的人只卖不买，这样便潜伏了危机的可能性。随着货币的支付手段的出现，只要有一个人不能如期支付，就会导致一大批人无法支付，从而进一步增大危机出现的可能性。但是，在简单商品经济条件下，危机只具有可能性，这种可能性要发展为现实，必须有整整一系列的关系，从简单商品流通的观点来看，这些关系还不存在。只有在资本主义商品经济的条件下，危机才从可能转变为现实。马克思指出，现实危机只能从资本主义生产的现实运动、竞争和信用中引出。生产的盲目扩大、竞争和投机活动以及信用的急剧膨胀，资本主义生产的这些现实运动，都促使经济危机从可能性变成现实性。

一、生产过剩是经济危机的直接导因

在马克思关于资本主义经济危机的论述中，商品生产过剩现象总是作为形成或导致经济危机的因素而存在的。在资本主义经济中，存在大规模的或普遍的生产过剩时期，正是经济危机的前夕。马克思认为，资本主义生产方式中所特有的经济危机现象，主要是每隔数年定期重演的周期性经济危机现象，是普遍经济危机或普遍危机现象，是由生产过剩产生的。为数不多的但居主导地位的物品的生产过剩会在整个市场上引起带普遍性的相对的生产过剩。这种生产过剩，不是发生在某一种商品或某一个生产部门的局部的生产过剩，而是发生在大多数商品或许多生产部门的普遍的生产过剩。

---

① 《马克思恩格斯全集》第26卷第2册，人民出版社1973年版，第584页。

生产过剩的基础来自于资本主义生产方式自身固有的限制。马克思指出："资本主义生产竭力追求的只是攫取尽可能多的剩余劳动，就是靠一定的资本物化尽可能多的直接劳动时间，其方法或是延长劳动时间，或是缩短必要劳动时间，发展劳动生产力，采用协作、分工、机器等，总之，进行大规模生产即大量生产。因此，在资本主义生产的本质中就包含着不顾市场的限制而生产。"① 随后马克思便提出了关于生产过剩和经济危机理论的一个重要的论断："构成现代生产过剩基础的，正是生产力的不可遏止的发展和由此产生的大规模生产，这种大规模的生产是在这样的条件下进行的：一方面，广大的生产者的消费只限于必需品的范围，另一方面，资本家的利润成为生产的界限。"② 马克思认为，形成生产过剩或普遍生产过剩基础有两方面的因素：一是生产力的不可遏制的发展；二是这种生产力的发展又遇到了两方面的限制：一方面，广大的生产者的消费只限于必需品的范围，即工人群众的贫困；另一方面，资本家的利润成为生产的界限，即生产规模的扩大受到利润量的限制。资本的目的不是满足需要，而是生产利润。资本为达到这一目的所使用的方法就是按照生产的规模来决定生产量，而不是相反，所以，在立足于资本主义基础的有限的消费范围和不断力图突破自己固有的这种限制的生产之间，必然会不断发生冲突。

这种生产过剩是相对于消费者有支付能力的需求的过剩，因此它实质上只是一种相对过剩，而不是生产的绝对过剩。生产相对过剩在后来凯恩斯的理论当中被解读为"有效需求不足"。凯恩斯认为引起"有效需求不足"的原因主要在于三大"心理规律"，即边际效用下降、边际消费倾向下降和"凯恩斯陷阱"。的确，低收入者的边际消费倾向高，高收入者边际消费倾向低，但是为什么低收入者的收入低、高收入者的收入高呢？这与他们的人力资本积累是密不可分的，与他们占有生产资料的多少更是密不可分的。马克思曾经指出，资本主义"社会消费力既

---

① 《马克思恩格斯全集》第26卷第2册，人民出版社1973年版，第596页。

② 《马克思恩格斯全集》第26卷第2册，人民出版社1973年版，第603－604页。

不是取决于绝对的生产力，也不是取决于绝对的消费力，而是取决于以对抗性的分配关系为基础的消费力”。① 剩余价值理论对资本主义基本矛盾、基本规律的分析依然正确。马克思说：“问题本身并不在于资本主义生产的自然规律所引起的社会对抗的发展程度的高低。问题在于这些规律本身，在于这些以铁的必然性发生作用并且正在实现的趋势。”② 因此，生产过剩出现的直接原因在于不平等的分配关系带来的收入差距的扩大降低了劳动者的购买力，造成了有效需求的减少。自从 1980 年以来，美国的收入不平等就开始快速扩大。前 10% 人群的收入比重从 20 世纪 70 年代的 30% ~35% ，上涨到 21 世纪伊始的 45% ~50%——提升了 15 个百分点。通过考察不含资本收益的数据序列，我们可以更清晰地识别美国不平等扩大的结构性特征。事实上，从 20 世纪 70 年代末到 2010 年，前 10% 人群的收入比重（不含资本收益）的上涨表现得相对稳定乃至恒定：20 世纪 80 年代大致在 35% 的水平，20 世纪 90 年代达到 40% ，到 21 世纪达到 45% 。更引人注目的是，2010 年的水平已经明显高于 2007 年金融危机爆发前夕的水平了。③

收入与财富的不平等不断扩大，这会产生出资本主义长久以来未能解决的难题：资本积累的过程取决于工资的不断降低，而它最终却要依赖以工资为基础的消费来支持经济增长和投资。因此，依靠借债消费的刺激来解决由收入差距扩大所造成的过剩危机，成为推动经济增长的重要手段之一，也大大加强了社会经济的寄生性和不稳定性，埋下了金融危机的隐患。

二、金融危机与经济危机的关系

马克思对资本主义生产方式中的普遍生产过剩经济危机的论述，通

---

① 马克思：《资本论》第 3 卷，人民出版社 2004 年版，第 273 页。
② 《马克思恩格斯选集》第 2 卷，人民出版社 2012 年版，第 82 页。
③ 参见［法］托马斯·皮凯蒂：《21 世纪资本论》，中信出版社 2014 年版，第 300 – 301 页。

常称为“危机”的，有诸如危机、经济危机、工业危机、商业危机、工商业的危机、生产危机和商业危机、世界市场危机、周期性的危机、周期性的工业危机、工业总危机、普遍危机、生产过剩的普遍危机、普遍工业危机、普遍商业危机、普遍的生产危机和商业危机、普遍的世界市场危机等。这些称谓通常是指包括经济危机第一阶段的货币金融危机在内的全部经济危机时期的整个经济危机。当然，并不是所有的经济危机都包括突出的货币金融危机。但当论述货币金融危机的时候，马克思恩格斯有时就把危机、工业危机、商业危机的称谓作两种含义来使用。一种是从广义来说，危机、工业危机、商业危机仍然是包括货币金融危机在内的整个经济危机；另一种是从狭义来说，这时的关于危机、工业危机、商业危机的称谓，一般就是指区别于货币金融危机的工业危机或商业危机了。

无论是工业危机还是金融危机，以各种形式表现出来的经济危机具有共同的基础，这就是普遍的生产过剩。马克思指出：“在生产过程的全部联系都是以信用为基础的生产制度中，只要信用突然停滞，只有现金支付才有效，危机显然就会发生，对支付手段的激烈追求必然会出现。所以乍看起来，好像整个危机只表现为信用危机和货币危机。而且事实上问题只是在于汇票能否兑换为货币。但是这种汇票多数是代表现实买卖的，而这种现实买卖的扩大远远超过社会需要的限度这一事实，归根到底是整个危机的基础。”① 马克思认为，金融危机是经济危机的序幕和第一阶段，是由发生包括金融危机和工业危机或商业危机时候的那种“商业危机”的普遍生产过剩引起的。

在马克思关于1856—1857年经济危机的论述中，鲜明地显示出金融危机与工业危机作为互相区别的两种危机相随出现的观点。这次危机的开始是于1856年9月首先发生在德国的金融危机。马克思在《欧洲金融危机产生的原因》（1856年10月）一文中说：“约在本年9月中开始的德国金融危机于同月26日达到了最高峰，后来开始逐渐缓和下来，这同1847年英国的金融恐慌相似，那次恐慌在4月底第一次露头，在5月4

① 《马克思恩格斯全集》第25卷，人民出版社1974年版，第554－555页。

日达到最高潮，然后逐渐平息下去。当时，伦敦几家主要的银行为了在恐慌期间创造一个暂息机会而作的牺牲，成了几个月后自己破产的起因。德国也将很快产生类似的后果。”① 当德国发生金融危机以后，到 1857 年 11 月终于出现了大规模的工商业企业的倒闭。马克思在《欧洲的金融危机》（1857 年 12 月）一文中说：“据推测，汉堡的危机在 11 月 21 日以后，已随着保证贴现公司的建立而经过了自己的最高点，这个公司的股票认购总数达到了 1200 万马克。创办这个公司的目的，是为了保证盖有这个公司图章的期票和银行券的流通。但是过了几天，又发生了一些宣告破产以及像期票经纪人果瓦自杀之类的事件，预告新的灾难将要到来。11 月 26 日，恐慌又达到极点；于是，先是贴现公司，后来政府自己也采取办法来阻止恐慌蔓延。”② “11 月 29 日，汉堡的 20 家大商行破产了，阿尔托纳的大批商行还没有计算在内，期票贴现停止了，商品和有价证券的价格跌得非常低，各种商业都陷于绝境。从破产名单中可以看出，其中五起破产是由于在银行业务上同瑞典和挪威有联系而发生的，而一家破产的乌尔贝格 - 克拉麦尔商行，债务达到 1200 万马克；五起发生在殖民地商品的贸易方面，四起发生在经营波罗的海沿岸商品的贸易方面，两起发生在工业品出口方面，两起发生在保险业方面，一起发生在证券交易所，一起发生在造船工业。”③ 这是当时在德国表现出来的金融危机与工商业危机前后相随的情况。马克思认为，在经济危机时期，金融危机与工业危机前后相随，并且在金融危机阶段之后的工业危机阶段，金融市场的紧张与工商业的破产又相互交织。

三、经济危机是资本主义基本矛盾的集中表现

马克思关于经济危机论述的最关键的思想，即经济危机是资产阶级经济关系一切矛盾的现实综合和强制平衡。马克思和恩格斯在《德意志

① 《马克思恩格斯全集》第 12 卷，人民出版社 1962 年版，第 64 页。
② 《马克思恩格斯全集》第 12 卷，人民出版社 1962 年版，第 366 页。
③ 《马克思恩格斯全集》第 12 卷，人民出版社 1962 年版，第 367 页。

意识形态》一书中指出："而实际上，一方面是真正的私有者，另一方面是没有财产的……无产者。这种对立日益尖锐，而且必然会导向危机。"① 在危机中，资本主义私有制和社会化大生产之间的矛盾达到剧烈爆发的地步。商品流通暂时停顿下来，流通手段即货币成为流通的障碍。经济的冲突达到了顶点：生产方式起来反对交换方式。马克思说："资产阶级生产的一切矛盾，在普遍的世界市场危机中集中的暴露出来，而在局部的（按内容和范围来说是局部的）危机中只是分散地、孤立地、片面地暴露出来。"② 资本主义生产过程不是一般生产过程，它的各个要素之间具有对抗的社会规定性，这种对抗性是该过程贯彻始终的特征。"这种资本主义生产的条件，是资本主义生产的经常的结果。这是资本主义生产本身为它自己提供的前提：资本主义生产本身就是它自己的前提，也就是说，一旦它发展起来并在与它相适应的关系中发挥作用时，它就连同它的条件一起被作为前提。"③ 科学技术的迅猛发展使得生产的分工越来越精细化，生产力水平对生产资料的占有格局提出的社会化要求愈益强烈。资本主义生产关系开始在不断的自我调整中去应对社会生产力发展提出的新要求，这使得资本主义社会的基本矛盾呈现出新的特点。

在垄断金融资本时代，金融危机是资本主义基本矛盾的集中表现。资本主义的基本矛盾表现为实物经济与国际金融资本高度虚拟化之间的矛盾。这一矛盾由生产与需求之间的矛盾引申而来。国际垄断资本主义发展阶段的主要特征是金融资本的全球化。马克思按照部门将资本划分为三类：产业资本、银行资本和商业资本。希法亭认为，产业资本和银行资本的分离，这是竞争资本主义时代的特征，在垄断资本主义时代已经不存在。金融资本是产业资本和银行资本相结合的产物，意味着资本的统一。以前分离的产业资本、商业资本和银行资本领域，现在被置于高高在上的金融机构的指导之下。为了缓解生产不断扩大与有效需求不足之间的矛盾，发达资本主义国家实行了金融自由化政策，促使生产过

① 《马克思恩格斯全集》第 3 卷，人民出版社 1956 年版，第 553 – 554 页。
② 《马克思恩格斯全集》第 26 卷第 2 册，人民出版社 1973 年版，第 610 页。
③ 《马克思恩格斯全集》第 26 卷第 3 册，人民出版社 1974 年版，第 545 页。

剩在金融扩张以及经济泡沫化中得以虚假地解决。这反而使资本主义所固有的生产过剩危机在金融泡沫的冲击下变得愈加严重，实物经济和符号经济严重脱节。马克思认为："危机永远只是现有矛盾的暂时的暴力的解决，永远只是使已经破坏的平衡得到瞬间恢复的暴力的爆发。"① 战后西方发达国家普遍采取金融自由化政策，大大刺激了金融投资活动。金融资本高度虚拟化，日益演化为一个具有相对独立性的符号经济系统。金融自由化政策及其导致的金融扩张，是资本主义基本矛盾运动的必然结果。应当说，金融自由化的苦心没有白费，金融扩张以及经济泡沫化的确在一定程度上缓解和掩盖了生产过剩的矛盾，但是又在更大的时空范围内制造了新的矛盾。金融扩张使西方经济在很大程度上变成了"透支经济"。没有实物经济支撑的"透支经济"迟早会发生信用危机。金融危机本身可以被看作金融利润向实体经济领域潜在的停滞性增长的某种"均值回归"，造成了数万亿美元的损失，这就构成了抵制生产停滞的主要手段的金融化危机。从 2007 年 9 月到 2009 年 3 月的 18 个月里，全球财产蒸发掉 50 万亿元，包括了 7 万亿的美国股市财富和 6 万亿的美国房产财富。到 2009 年 3 月份早期，按通胀率调整后的道琼斯工业指数跌落至 1966 年的水平。②

马克思认为，资本主义生产的一切矛盾，在普遍的世界市场危机中集中的暴露出来。所以，经济危机是资本主义生产方式中矛盾的集中表现。资本主义生产方式中矛盾的积累和发展，推动这个生产方式的最终灭亡，它必将被更高级的生产方式所代替。恩格斯认为，危机暴露出资产阶级无力继续"驾驭现代生产力"。而随着社会对生产力的占有，这种社会性就将为生产者完全自觉地运用，并且从造成混乱和周期性崩溃的原因变为生产本身的最有力的杠杆。马克思和恩格斯揭示了普遍生产过剩和经济危机是资本主义生产方式的产物，经济危机集中的暴露了资本主义经济和社会的一切矛盾。一方面，危机给工人阶级带来了失业、

---

① 马克思：《资本论》第 3 卷，人民出版社 2004 年版，第 277 页。

② 参见 John Bellamy Foster. *The Age of Monopoly – Finance Capital*. Monthly Review. Feb. 2010, pp. 1 – 13.

贫穷和疾病等深重的灾难；另一方面，经济危机又会激起工人更大的反抗，推动无产阶级用社会主义生产方式代替资本主义生产方式。

第二国际的马克思主义者力图将危机理论建立在更有力的基础上。罗莎·卢森堡和鲁道夫·希法亭却为后来马克思主义危机理论分裂为“消费不足论”和“比例失调论”两个阵营打下了基础。一开始，这两种理论并非互不相容，“消费不足论”被视为“比例失调论”的一个特例。然而，经过20世纪20年代，两种理论之间的鸿沟日益加深。到20世纪30年代，“消费不足论”已经成为马克思主义的正统，而“比例失调论”则被贬为主张社会民主主义改良的异端。

马克思主义危机理论的发展经历了几个阶段。20世纪初，正统理论是一种比例失调论，认为市场的无政府状态是危机的原因。到了20世纪30年代，消费不足论成为马克思主义正统理论。20世纪70年代期间，利润率下降论又成为规范的危机理论。无论在哪一个时期，一般都将占支配地位的理论看作马克思的正宗理论，并有选择性地援引马克思著作中的某些论述来支持这种看法。

第二节 “消费不足论”还是“生产过剩论”？[①]
——马克思主义危机理论发展史中的一个争论探析

在马克思关于资本主义经济危机的论述中，商品生产过剩现象总是作为形成或导致经济危机的因素而存在的。在资本主义经济中，存在大规模的或普遍的生产过剩时期，正是经济危机的前夕。马克思认为，资本主义生产方式中所特有的经济危机现象，主要是每隔数年定期重演的周期性经济危机现象，是普遍经济危机或普遍危机现象，是由生产过剩产生的。为数不多的但居主导地位的物品的生产过剩会在整个市场上引

---

① 本节内容以《“消费不足论”还是“生产过剩论”——评马克思主义经济危机理论早期的一个争论》为题发表于《当代经济研究》2015年第7期，第44－50页。

起带普遍性的相对的生产过剩。这种生产过剩，不是发生在某一种商品或某一个生产部门的局部的生产过剩，而是发生在大多数商品或许多生产部门的普遍的生产过剩。

马克思认为，生产过剩趋势不是对市场界限的无知或判断失误的结果，生产过剩的基础来自于资本主义生产方式自身固有的限制。资本主义生产的目的不是消费，而是利润的占有和资本的积累。资本积累的手段不是对消费者需要的满足，而是生产力的发展，消费者需要的限制不过是资本家必须克服的障碍而已。发展生产力的需要不仅仅是资本家主观动机的表现，而是通过竞争压力强加到资本家身上，这种压力不是别的，正是那种内在的、自我复制的生产过剩趋势的压力，它迫使资本家不顾市场的界限，通过发展生产力来扩大生产。

一、恩格斯对拉萨尔、杜林的“消费不足论”的批判

恩格斯的危机理论是直接而鲜明的生产过剩理论，他驳斥了拉萨尔和杜林的消费不足论。从表面上看，消费不足和生产过剩之间可能区别不大。但实际上，拉萨尔等所提倡的消费不足论和恩格斯的生产过剩论根本不同。拉萨尔的消费不足论建立在“铁的工资规律”的基础上。“铁的工资规律”认为平均工资停留在一个国家中根据习惯未来维持生存和延续后代所需要的生活必需品的限度上。拉萨尔指出：“工资不能经常超过这个平均数，否则由于工人的状况有所改善，就会增加结婚和出生率，增加工人人口，从而增加了又把工资降低到从前的水平，甚至降低到那个水平以下的人手的供给。工资也不能长期落在必要的生活费用下面，因为那样一来就会产生移民、不结婚、节育，最后由于贫困产生工人人数的减少，因而又减少人手的供给，又使工资恢复到从前的水平。因此真正的平均工资处于变动之中，经常在它必须不断地落灰的重心周围旋转，有时比它高些（所有或个别劳动部门的繁荣时期），有时比它

低些（多少带有普遍性的困难和危机时期）。”①

拉萨尔认为工资是劳动的价格。“和其他一切商品的价格一样，劳动的价格（工资）也是由供求关系决定的。完全正确。但是每一种商品在任何时候的市场价格或者某种物品的平均的供求关系又是由什么决定的呢？……是由它的必要的生产费用决定的。”② 拉萨尔指出，工人的贫困造成了消费不足。“工资或劳动的价格和在物品的价格中偿付给资本的劳动量之间的差别，必然使得所有制造出产品的劳动者，脑力劳动者和体力劳动者，不可能用他们总共的工资重新购买他们自己劳动的产品。……在工人们的生活费用保持不变时他们的劳动生产率愈高，他们就愈不能买回他们自己劳动的这些产品。”③ 拉萨尔认为在资本主义私有制的前提条件下，只要在国家的帮助下建立生产合作社，再把分散的合作社联合到全国所有合作社的统一组织中，由一个管理合作社业务的“中央委员会”来调节生产，就可以消除生产过剩的危机。“难道您就看不到，根据所有这些合作社的业务簿籍，并通过为了了解这些业务簿籍而设立的中央委员会，就会给生产需要的科学统计打下真正的基础，从而很快就会有可能避免生产过剩吗？而且即使暂且还不能完全做到这点，由于合作社拥有强大的手段而不必进行竞争却推销产品，生产过剩就会变成单纯的预先生产。……解脱社会的生产过剩和危机，对于整个社会来说，将会是怎样一种得福和致富的源泉啊？”④ 这就是拉萨尔设想的“社会主义”。

在杜林看来，危机不过是对于事物常态的偶然背离。“货物贮藏和销售之间的鸿沟，其最后所以大得如此严重，并不是因为生产过剩，而是

① ［德］弗·梅林，青载繁译：《德国社会民主党史》Ⅲ，生活·读书·新知三联书店 1973 年版，第 31－32 页。

② ［德］拉萨尔：《资本和劳动》，载《拉萨尔言论》，生活·读书·新知三联书店 1976 年版，第 263－263 页。

③ ［德］拉萨尔：《资本和劳动》，载《拉萨尔言论》，生活·读书·新知三联书店 1976 年版，第 270－271 页。

④ ［德］拉萨尔：《资本和劳动》，载《拉萨尔言论》，生活·读书·新知三联书店 1976 年版，第 270－271 页。

因为人民消费落后，……因为人为地造成消费水平低，……因为人民需要在其自然增长上遇到了障碍。”①

恩格斯提出的是动态理论，这一理论的基础不是工人的贫困，而是资本主义生产的矛盾形式，这一矛盾形式使积累不断超过需求的增长。恩格斯指出，消费不足是“存在了几千年”的“老现象”，而危机只有在资本主义生产形式下才出现。因此，“虽然群众的消费水平低也是危机的先决条件之一，并且在危机中，起着早已被承认的作用，可是这丝毫不能给我们说明现时存在危机的原因，也不能给我们说明过去不存在这种危机的原因”。② 恩格斯认为，消费水平低是数千年来的经常的历史现象，而生产过剩所引起的、爆发于危机中的、一般的普遍的商品滞销，只是最近五十年来的现象。“只有杜林先生那样的庸俗经济学的全部浅薄见解，才能不用新的生产过剩的现象，而用旧的存在了几千年的、消费水平低的事实，来解释新的冲突。”③ 消费不足是任何建立于剥削之上的社会形式的一个必然条件，因此也是资本主义社会形式的一个必然条件。可是只是资本主义生产方式才使经济状况达到了危机的地步。“消费不足论”和“生产过剩论”都是从经济危机的现象开始研究的，但是，一旦真正触及到危机的本质问题时，两者就分道扬镳了。

恩格斯力图证明私有制是资本主义制度一切罪恶的根源。恩格斯认为，私有制不但将社会建立在利益对抗的基础上，而且决定了供给和需求的永久性失衡。“在竞争的波动不大，需求和供给、消费和生产几乎彼此相等的时候，在生产发展过程中必定会出现这样一个阶段，在这个阶段，生产力大大过剩，结果，广大人民群众无以为生，人们纯粹由于过剩而饿死。长期以来，英国就处于这种荒诞的状况中，处于这种极不合理的情况下。如果生产波动得更加厉害——这是这种状态的必然结果——，那么就会出现繁荣和危机、生产过剩和停滞的反复交替。”④ 恩

① 恩格斯，吴黎平译：《反杜林论》，人民出版社 1974 年版，第 313 页。
② 恩格斯，吴黎平译：《反杜林论》，人民出版社 1974 年版，第 314 页。
③ 恩格斯，吴黎平译：《反杜林论》，人民出版社 1974 年版，第 314 页。
④ 《马克思恩格斯全集》第 1 卷，人民出版社 1960 年版，第 616 页。

格斯的观点很清楚：供给和需求的失衡是系统性的，其根源在于经常性的生产过剩趋势，这一趋势是竞争的必然结果。

二、考茨基关于危机的“原始凯恩斯主义”解释

第二国际的理论家考茨基把恩格斯危机理论的两个方面分离开来，提出一个长期生产过剩趋势理论和一个建立在市场无政府状态基础上的危机理论，两者相互联系。考茨基将生产过剩理论改造成资本主义发展的长期趋势理论。他说：“震撼世界市场的现代的巨大危机，是生产过剩的结果，而生产过剩又是与商品生产有必然联系的无计划性的结果。”① 恩格斯认为生产无政府状态的根源在于资本主义生产和消费各由不同的规律所支配，所以两者之间的背离也就是系统性的。考茨基并未像恩格斯一样，把生产的无政府状态和资本主义生产的规律结合起来，而只是和“与商品生产有必然联系的无计划性的结果”联系起来。这样，生产的周期性扩张便不再是资本主义生产内在规律的表现，而是由市场的发展所驱动的。

虽然在《爱尔福特纲领解说》对工业危机的讨论中，考茨基并未提及消费不足问题，而只是强调生产过剩，但其理论所隐含的基础却是消费不足论。考茨基指出：“生产量超过需要量的这种生产过剩，在任何生产方式下，都可能发生。但是，如果生产者是为了满足自己的需要而进行生产的，那末，这种生产过剩当然不会带来危害……在商品生产的条件下，情况就不同了。商品生产（在它的发达形式下）的前提是任何人都不是为自己生产，每一个人都是为他人而生产。每个人都必须购买他所需要的东西。但是，社会的全部生产却不是按照计划布置的。恰恰相反，每一个生产者都要自行估计社会上对他所生产的商品的需要量有多大。另一方面，在商品生产之下，生产一超过物物交换的买卖这个低级阶段，除了货币商品和贵金属的生产者以外，谁也不能在售出自己的商

---

① ［德］卡尔·考茨基，陈冬野译：《爱尔福特纲领解说》，生活·读书·新知三联书店 1963 年版，第 69 页。

品之前预先购进任何商品。这就是由危机所产生的两个根源。”① 考茨基认为，当商品市场发展到一定规模之后，由于为自己的消费而生产越来越居于次要地位，为他人的需要而生产成为主导，因此对他人需求的预测变得非常困难，所以危机的可能性也就增加了。考茨基对经济危机的这一解释实质上是在市场供求的比例失调论，仍然局限在古典政治经济学的框架之内。这种“原始凯恩斯主义”的解释已经和恩格斯的生产过剩理论相去甚远。

虽然考茨基把危机的根源归因于市场的无政府状况，但是他认为卡特尔不能消除经济危机。这一观点与伯恩斯坦针锋相对，伯恩斯坦把卡特尔、信用制度、交通工具的完善、工人阶级生活状况的提高等等当作资本主义的适应工具，认为这些现象缓和甚至消除了资本主义经济内部的矛盾，防止了矛盾的展开和激化，由此消除危机。考茨基认为卡特尔不能消除经济危机，原因有二：一是利用卡特尔来调节生产，前提是卡特尔必须控制一切主要的工业部门，并在国际范围内组织起来，但国际卡特尔是不容易组成的，而且也难于彻底维持下去；原因之二在于如果普遍组织卡特尔，结果是每一个卡特尔都力求尽量少生产商品，以提高其价格。每个卡特尔一方面尽量少生产商品，另一方面又竭力迫使生产它所需要的商品的其他卡特尔生产过剩，结果还是要发生危机。他举例指出：“假如几个铜矿组成了一个卡特尔，缩小铜的生产，把铜的价格提高。这样做的结果将会怎样呢？这时，在炼铜企业的工业家中，有一些人将停止自己的生产，等待良好的时机；另一些人就会竭力用其他金属来代替铜；其余一些人则购置获自办铜矿，以摆脱对铜矿卡特尔的依赖。到了最后，铜矿卡特尔就要瓦解或破产，结果就出现危机。”②

但是，考茨基又说：“只有把所有的卡特尔联合成为一个单一的卡特尔，把所有的资本主义国家全部生产资料都集中在这个卡特尔手里，换

① ［德］卡尔·考茨基，陈冬野译：《爱尔福特纲领解说》，生活·读书·新知三联书店 1963 年版，第 70 页。

② ［德］卡尔·考茨基，陈冬野译：《爱尔福特纲领解说》，生活·读书·新知三联书店 1963 年版，第 78 页。

句话说，只有生产资料私有制确实废除，成立卡特尔才能消除危机。相反地，经济发展达到一定阶段之后，只要生产资料私有制存在一天，危机就是不可避免的。”① 这一结论，与前文考茨基关于危机根源于供求比例失调的分析相联系。考茨基认为危机的产生直接源于市场的无政府状态，而生产资料私有制是造成市场无政府状态的原因，因此只有消除了生产资料私有制才能从根本消除危机。这样看来，前文考茨基关于“危机所由产生的两个根源”的分析仍然只停留在现象层面。那么，考茨基的这一观点与恩格斯把危机看成资本主义生产方式固有趋势的观点完全一致吗？后来考茨基把建立一个全球性的卡特尔就可以消除经济危机的思想，发展成为他的“超帝国主义”理论。这种理论造成一种幻想，似乎只要把一切国际卡特尔结合成唯一“超卡特尔”，就可能使各国的资本家达成协议，调和他们的利益，并消除生产的无政府状态和战争。列宁曾指出“超帝国主义”在理论上的错误和危险性，指出考茨基只抓住资本主义发展的一种趋势，即垄断的发展和垄断之间联系的加强，而忽略了资本主义垄断阶段必然导致社会主义革命。

三、杜冈经济周期理论中的“生产过剩论”

杜冈在信仰上经历了由“合法马克思主义”者向马克思主义批评者的转变。但是他在经济学，特别是经济周期理论方面的研究是值得重视的。杜冈经济周期理论的重要之处在于，他指出了周期性危机是“资本主义发展的必然伴侣”。他虽然没有明确提出经济危机是资本主义基本矛盾的表现形式，但他把经济危机和资本主义制度本身联系了起来，并因此而指出了它必然灭亡的发展趋向。

杜冈在其《政治经济学原理》中对西斯蒙第的“消费不足论”进行了批判。杜冈认为，西斯蒙第的市场理论同时也是危机理论。从西斯蒙第危机理论的观点来看，危机产生的原因是资本主义经济生产了由于人

① ［德］卡尔·考茨基，陈冬野译：《爱尔福特纲领解说》，生活·读书·新知三联书店 1963 年版，第 76 页。

民大众的贫困而不能被社会消费掉的过剩产品。按照这个理论，资本主义工业产品市场，对资本主义所拥有的全部生产力来说过于狭小了。杜冈肯定了西斯蒙地的消费不足论“含有几分真理”，因为它从现象上部分地解释了危机的成因。但是，杜冈指出，西斯蒙第的理论同危机的过程有明显的矛盾。“这个理论认为，危机之后必然出现工业高涨是不可思议的。要知道，危机和工业萧条使人民大众不是更加富裕，而是更加贫困；怎么能在连续几年的工业萧条之后出现工业高涨，又怎么能使市场容纳下比危机前多得多的商品呢？”[①] 要是消费不足论是正确的，那么就只能是资本主义工业完全停滞不前。

杜冈指出：“危机问题只有依据正确的市场理论才有可能得到令人满意的解决。正因为现代的经济科学及其大批代表人物坚持错误的市场理论，所以，它无力解决危机问题是毫不奇怪的。”[②] 在杜冈看来，这种错误的市场理论认为生产过剩只能是局部的，可是在危机时期生产过剩总是带有普遍性。那么，普遍的商品生产过剩究竟是在什么基础上产生的呢？杜冈把资本主义经济同比较原始的经济体制进行比较后指出，在简单商品经济条件下是居民的消费需求调节着社会生产，资本积累不是目的本身，因此在简单商品经济制度下社会生产也和社会消费一样保守，当需求稳定时社会生产很容易做到按比例分配。而偶尔的比例失调总是由于外部原因如歉收等造成的。但是，在对抗性的资本主义经济中情况则不同。“不是居民的需要，而是资本积累决定社会生产的规模”。[③] 在资本主义经济中，资本积累造成经常不断的扩大生产的趋势。在社会生产无组织状态的条件下，社会生产由于资本的积累而不断扩大，从而造成长期生产过剩的趋势。当商品销售困难变本加厉时，资本主义生产就会陷入似乎是普遍瘫痪的状态，从而爆发所谓的工业危机。考茨基的观

---

① ［俄］杜冈-巴拉诺夫斯基，赵维良、桂力生、王湧泉译：《政治经济学原理》（下册），商务印书馆2009年版，第700页。

② ［俄］杜冈-巴拉诺夫斯基，赵维良、桂力生、王湧泉译：《政治经济学原理》（下册），商务印书馆2009年版，第702页。

③ ［俄］杜冈-巴拉诺夫斯基，赵维良、桂力生、王湧泉译：《政治经济学原理》（下册），商务印书馆2009年版，第704页。

点曾经非常接近这一观点，他认为，当商品市场发展到一定规模之后，由于为自己的消费而生产越来越居于次要地位，为他人的需要而生产成为主导，因此对他人需求的预测变得非常困难，所以危机的可能性也就增加了。但是他只看到"为他人的需求而生产"的根本原因在于资本积累的目的，因而也未能把危机和资本主义生产方式的本质联系起来。

信用是加剧危机的一种因素："信用容易膨胀，也容易收缩；在顺利时期它能使社会购买力增长好多倍，而在困难时期它会在一瞬间垮台。"① 杜冈进一步指出："信用只不过是加剧危机的一个条件，而绝不是发生危机的主要原因。资本主义危机的根扎得要深些，它寓于资本主义经济的本质中。危机的必然性来源于资本主义经济制度的三个特征，即：1. 资本主义经济是对抗性经济，在这种经济中工人是资本主义企业领导者的简单生产手段；2. 资本主义经济和其他对抗性经济不同，生产有无限扩大（作为资本积累的手段）的趋势；3. 整个资本主义经济是无组织的经济，各个不同劳动部门之间缺乏有计划地分配社会生产。"② 杜冈坚持了马克思主义经济理论对古典政治经济学的批判传统，其危机理论是原初马克思主义意义上的"生产过剩论"。在杜冈看来，长期以来，古典政治经济学之所以不能解决危机问题，是因为经济学家们只是从社会经济的某一个别领域——生产、交换或分配领域中去寻找危机的原因。实际上，危机是在社会经济各现象总体的基础上产生的，因而不能把危机只局限于社会经济的某一个别的领域。

杜冈认为人民大众的相对贫困是工业危机的必要条件。但认为民众消费水平低并且提高得慢，以致产品不能销售，这种观点是错误的。因为消费只是资本主义生产的因素之一，并不当然地决定生产。归根结底，杜冈认为资本主义体制下国民经济生产缺乏有计划有组织的安排，即使工厂科学地组织生产，重视技术改革，不断的提高劳动生产率，也不能

---

① ［俄］杜冈－巴拉诺夫斯基，赵维良、桂力生、王湧泉译：《政治经济学原理》（下册），商务印书馆 2009 年版，第 704 页。

② ［俄］杜冈－巴拉诺夫斯基，赵维良、桂力生、王湧泉译：《政治经济学原理》（下册），商务印书馆 2009 年版，第 705 页。

避免的要发生工业危机。而危机呈现出的周期性则源于货币资本在创造新的固定资本时表现出的周期性。

在杜冈看来，马克思的理论作为一种指导原则，在经济周期研究中是适用的，但是作为一种具体的理论观点，却是缺乏系统性的和不充足的。他甚至把马克思和恩格斯的理论同西斯蒙第等人的消费不足论相提并论。根据他的看法，马克思认为总有一天商品的普遍过剩会成为经常性的现象，于是资本主义制度就会因为资本主义工业的产品不能继续销售而崩溃。他对马克思关于经济危机理论的这种理解，实在不能不说是浅薄的。

四、卢森堡对剩余价值实现问题的关注

面对伯恩斯坦等的挑战，第二国际的马克思主义者力图将危机理论建立在更有力的基础上。针对伯恩斯坦的观点，卢森堡指出信用制度和企业主的联合组织都不能消除资本主义经济的无政府状态，不能从根本上消除经济危机。卢森堡指出："信用把生产的扩展能力提高到极大程度，造成使生产不断超越市场界限的内在动力。但它是从两个方面进行的。如果它一度作为生产过程的因素召来了生产过剩，那么，在危机过程中，它又作为流通手段把自己唤起的生产力更加彻底地摧毁了。"① 这是因为，在危机时期信用紧缩，使得产品的销售进一步恶化。所以，"在它不可缺少的地方却抛弃了交换，在它还存在的地方却证明自己不起作用和没有用处，因而在危机过程中，把消费能力缩减到最低限度"。② 在伯恩斯坦看来，企业主联合组织通过对生产进行调整可以结束无政府状态，防止危机。对此，卢森堡指出："只有当卡特尔、托拉斯等变成近乎包罗一切、居于支配生产地位的生产形式的时候，才说得上通过企业主

---

① ［德］卢森堡：《社会改良还是革命?》，《卢森堡文选》上卷，人民出版社1984年版，第80页。

② ［德］卢森堡：《社会改良还是革命?》，《卢森堡文选》上卷，人民出版社1984年版，第80页。

联合组织防止资本主义无政府状态。但是，卡特尔本身的性质排斥了这种情况的发生。企业主联合组织的最终经济目的和作用，就是在一个部门内部消灭在分配世界市场利润方面的竞争，以便提高这个工业部门在世界市场上所得的份额。而这种组织要提高一个生产部门的利润率，就只有牺牲别的部门的利益。因此，它恰恰不能成为普遍性的组织。如果它扩展到一切重要的工业部门，它的作用也就消失了。”① 同考茨基一样，卢森堡从卡特尔自身所包含的矛盾出发驳斥了伯恩斯坦的观点。那么，为什么“二十年以来没有发生普遍的商业危机呢”？对此，卢森堡指出，马克思的危机理论虽然揭示了一切危机的内在结构和它们的深刻的一般原因，但更加适合于世界市场已经成为现实、资本主义经济得到充分发展的成熟阶段。而卢森堡认为她所处的时代“还没有达到像马克思的图式中所设想的那种发生周期性危机的资本主义成熟阶段”。② 她认为当时已经摆脱了“年青的危机”——周期性出现的那种对资本主义经济新领域进行的突然的、跳跃式的开拓及随之而来的危机，也还没有发生“资本主义的老年危机”——世界市场的发展使得生产力同市场的框框发生致命的周期性的冲撞。

有学者将卢森堡对马克思社会资本再生产理论的分析及从资本积累角度对资本主义发展趋势的论证，看作是“消费不足”思想的阐发。克拉克对卢森堡的消费不足论进行评价时指出：“卢森堡理论核心的谬误不是她对再生产图式的误解，而是她假设资本主义积累的动力必须来自于消费需求的增加，忽视了资本主义生产的动力不是额外的需求、而是不顾市场限制扩大生产的趋势这一事实，这种趋势由竞争的压力强加到每一个资本家身上，又因生产力日益革命化而加剧。”③

---

① ［德］卢森堡：《社会改良还是革命?》，《卢森堡文选》上卷，人民出版社1984年版，第82页。

② ［德］卢森堡：《社会改良还是革命?》，《卢森堡文选》上卷，人民出版社1984年版，第87页。

③ ［英］克拉克，杨健生译：《经济危机理论：马克思的视角》，北京师范大学出版社2011年版，第58页。

五、关于争论的总结

“消费不足论”和“生产过剩论”之间的争论，其争论的焦点在于，危机究竟只是偏离市场均衡常态的偶然现象，还是资本主义生产方式的固有趋势。古典政治经济学的传统将危机解释为偶然现象，否认危机是资本主义生产方式所固有的。在这种情况下，任何危机自然都被视为偏离常态的意外结果。供给和需求力量的正常运行保证了均衡趋势始终存在，危机的起因只能是外部冲击暂时打破了均衡，或是内部扰动妨碍了市场的均衡过程。在新古典理论的框架内，供给和需求的一般均衡通过利息率和利润率的相互作用来支持。假如利润率下降导致投资不足，对投资的资金需求就会下降，导致利息率下降，而利息率的下降又会刺激新的投资，从而为利润率的上升提供新的动力。时至今日，经济学家们对经济危机所作的解释，尽管在数学上越来越精巧，却和 19 世纪初提出的解释没有本质区别。凯恩斯对古典宏观经济调整机制的稳定性提出了质疑，但除此之外他的理论基本上仍局限在古典框架之内。凯恩斯提出质疑的意义在于，为了经济的稳定和增长，政府必须更加积极的干预，采取反周期的财政政策与货币政策，维持宏观经济的平衡。然而，凯恩斯的解释充其量不过表明，危机绝不是资本主义生产方式所固有的，相反，它可以通过政府适当的政策得到调节。以上经济学理论都认为，总有一种巨大的外部冲击，例如战争或农业歉收或金融管制的缺位，加剧了各生产部门之间关系的暂时性失衡。危机发生的原因都不在于资本主义制度本身，而且正常的市场调节过程会很快使稳定得到恢复。除了外部冲击之外，危机的主要原因还被归结为政府过度的人为干预。

“经济学家们对危机的解释，有如这样一位科学家，他试图否认四季更替是一种自然现象，而将每年春天的回归解释为某种超自然力量偶然作用的结果。实际上，科学家应该做的，不是解释某一年的春天会准确地在哪一天来临。同样，真正的理论问题也不是要解释这一次或那一次危机的特定原因。将经济危机的周期性爆发解释为资本主义生产方式发展趋势一个正常的组成部分，才是理论真正的任务。”① 马克思主义所承担的正是这一任务，它力图证明，危机不仅仅是供给和需求的暂时失衡，不仅仅是资本主义积累肤浅的错位，而是资本主义生产方式所固有的一种趋势。

马克思总是把自己的著作称为“政治经济学批判”。在马克思和恩格斯之后，特别是在第二国际的马克思主义理论中，危机理论之所以出现争论、陷入困境，主要是因为它试图建立在一般均衡的理论基础上，忽视并背离了马克思和恩格斯对古典政治经济学的批判维度。对马克思恩格斯的危机理论批判性的这种腐蚀，在第二国际马克思主义发展的最初阶段就已经出现，遭到来自伯恩斯坦的修正主义攻击。马克思和恩格斯对古典政治经济学的批判，放在当代经济学的语境下同样具有重要的意义。

第三节　抵御经济危机的对策及其局限性

资本主义在面临多次危机的情况下还能长久地生存和发展下来，当代资本主义社会并没有完全如马克思和恩格斯所设想的那样发展，对此有必要进行深入研究。危机并不是资本主义制度的结束，而是为它开辟了一个新的前景。危机之后，原材料价格暴跌，生产资料以低价成交，失业迫使工人接受低工资。生产一旦重新变得有利可图，积累就会再次开始。危机是一种休克治疗法，它以足够大的规模清除不能获利的资本，以阻止利润率的长期下降。

一、政府干预

19 世纪德国社会理论家阿道夫·瓦格纳（Adolf Wagner）预见：在

① ［英］克拉克，杨健生译：《经济危机理论：马克思的视角》，北京师范大学出版社 2011 年版，第 3 页。

资本主义经济日益工业化和城市化的发展过程中，社会对政府服务的需求将有绝对和相对的增长。这被称作瓦格纳法则（Wagner's Law）。非农行业的发展是由市场内部供需双方的相互作用推动的，这使市场结构发生了急剧变化。对生产无发言权的工薪阶层正逐渐成为重要的劳工力量，他们取代了先前广泛分布于农村和城镇的小业主，由此发展起了一种新型的、具有人与人之间团队关系的社会经济氛围，这显然不利于主要代表企业利益的不干涉主义小型政府的继续存在。在获得市场有形物的同时，社会更加强调的是经济具有人性的一面：促进收入和财富分配上的"公平"、充分就业、为个人发展提供教育机会而不仅仅是为市场提供人力资本、对健康的长期关注、像样的住房、养老保险、妇女和少数民族的平等机会、环境安宁宜人等等，诸如此类。

第二次世界大战期间，美国政府通过全面价格管制、配给和物资调拨等措施使国家干预达到史无前例的程度。战争红利滚滚而来，美国经济成绩斐然。对于和平时期的经济运行如何决策，有些人认为广泛的经济计划化切实可行，另一些人则担心消费需求的扩大将带来通胀压力。罗斯福完成了一个历史性的转折：在内政上改变了政府职能的观念，人民的最低生活保障从此属于政府的责任。他曾经说过这样一句话："检验我们进步的标准不是看我们是否为富裕者锦上添花，而是看我们是否使贫困者丰衣足食。"① 从他开始，美国政府把对弱势群体的关注提上日程，而且大胆地抑富助贫，实际上逐步超越了政府对经济的"不干涉主义"，再回到纯粹放任自流经济已不可能。杜鲁门推出的"公平施政"纲领允诺要让"每一个美国人都有机会从我国日益增长的富裕中得到他们公平的一份"。虽然一些计划不了了之，但"罗斯福秩序"与第二次世界大战期间的胜利成果得以巩固，并为艾森豪威尔构建"丰裕之国"打下坚实基础。因此，20 世纪 50 年代的美国成为人丁兴旺、安居乐业的富足盛世。罗斯福新政、杜鲁门"公平施政"纲领与艾森豪威尔的"丰裕之国"作为美国经济发展的阶段性指导思想，是美国步入现代市

---

① 资中筠：《从美国总统就职演说看美国的变与不变》，载《美国研究》2005 年第 2 期，第 12 页。

场经济的体现。积极的政府支出与计划投资，表明市场经济中的经济计划化倾向加强。

以凯恩斯为代表的宏观经济理论，虽然并未直接探讨个人收入分配均等问题，但是其有效需求理论以及为如何增进有效需求而设计的宏观经济政策，间接地指明了这样一个事实：通过提高居民收入而增加的有效需求，能够促进一国经济增长、国民财富增加。从表面上看，凯恩斯主义研究的是生产问题，但是实质上探讨了如何促进收入增长的问题。凯恩斯指出在经济衰退时，应通过降低工资的办法来提高资本边际效率，以刺激投资、摆脱危机。但是，他又认为不应直接降低货币工资来实现上述目标，而需要通过利用通货膨胀、提高物价水平的办法降低实际工资来实现，这样既可以刺激投资，又因为货币幻觉的作用使工人不至于反抗。《通论》发表后引来了许多追随者，新古典综合派既是凯恩斯主义和新古典学派在理论上的结合，又是两者在政策上的结合。新古典综合派的经济政策的核心是凯恩斯主义的“需求管理”思想。20 世纪 50 年代，新古典综合派主要根据阿尔文·汉森（Alvin Hansen）的理论，提出了补偿性的财政政策和货币政策。他认为，经济停滞不是用自动调节的教条所能解决的。解决的办法是扩大政府的作用，担当起维持充分就业的职责。这一思想与战后美国现代市场经济的发展要求不谋而合。

正如凯恩斯所指出的那样，政府支出会为经济发展提供动力。例如，州际高速公路体系的建设促进了经济增长，它既能直接创造出就业岗位，又能间接提高生产和销售的效率。美国政府的军费支出对于刺激需求、扩大生产具有更为独到的作用。哈里·马格多夫指出：“军工需求能刺激和支持对资本品的投资，也能推动产品研究，发展并创造出新的行业。军工订单对很多行业都产生了显著、有时甚至是决定性意义的影响，如造船、机器工具与其他的机械产业、通讯设备等等……战争用品订单的膨胀为资本品行业提供了援助和慰藉。在 1985 年，军队购买了航空业产品的 66%，造船业产品的 93% 以及通讯设备的 50%。”① 在阿富汗战争

① Harry Magdoff. *A Letter to a Contributor: The Same Old State*. Monthly Review, Jan. 1998. pp. 1 – 10.

和伊拉克战争发生之前的5年里，军事支出与投资的比例虽然达到了20世纪后15年的最低点，但仍然相当于全美私人投资总额的1/4。2001至2005年间，随着战争的进行，美国政府的军事支出急剧增长。同期的房地产热使得这5年里平均每年的官方军费支出只占到了私人投资总额的28%，似乎与从前差别不大。但如果忽略掉民用建设方面的投资，这5年里的官方军费支出相当于非民用私人投资总额的42%。①

二、技术发明

重大的技术发明也是抵制过剩的方式之一。1912年熊彼特将创新概念引入经济学，提出了创新理论。他把创新界定为一种新的生产函数的建立，是企业对生产要素的"新组合"，即把一种从来没有过的生产要素和生产条件的新组合引入生产体系，从而形成一种新的生产能力，以获取潜在利润。他列出了"新组合"的五种主要形式：引入新产品或提供一种产品的新质量；采用新技术和新生产方法；开辟新市场；获得原材料的新来源；实现企业组织的新形式。熊彼特所讲的"创新"实际上是一种广泛意义上的企业的创新，包括技术创新、市场创新和组织创新等。

随着经济社会实践的不断发展，技术创新突显出愈益重要的意义，重大的技术发明对经济的刺激作用甚至可以持续几十年。例如，早在20世纪初汽车的发明使美国经济发生了巨大的变化：公路网、桥梁和隧道的建设，对加油站、餐馆和修理店的需求增加，产品运输变得快捷又便宜等等。而且，汽车的普及也推动了郊区房地产业的发展。美国凭借其完善的设施和优厚的报酬吸引了世界各地的技术人才，他们为技术发展和创造发明提供了源源不断的动力。新的信息技术（电脑、软件和网络等）正在改变着人们的工作和生活方式，"硅谷革命"对美国经济也发挥着重要的促进作用。但是，信息技术对经济的刺激作用仍然无法与汽

---

① 参见 Fred Magdoff. *The Explosion of Debt and Speculation*. Monthly Review, Nov. 2006. pp. 1－23.

车行业所带来的长期的、广泛的影响相媲美。而且，重大的发明也无法在短期内轻而易举地获得。与此同时，政府支出也受到了政府岁入的约束。美国的年度财政赤字迅速攀升，原因主要在于支付对富人的减税，以及在阿富汗战争和伊拉克战争中耗费的巨额军费。因此，无论是扩大政府开支还是刺激创造发明，这两种对付过剩危机的方法都具有一定的约束条件和运用限制。

三、资本主义的“时空修复”

“时间－空间修复”理论最初由西方左翼学者大卫·哈维（David Harvey）提出。哈维指出，时间－空间修复喻指通过时间延迟和地理扩张解决资本主义危机的特殊方法。针对资本积累内部矛盾的危机倾向，哈维提出了“空间修复”理论，这是其“时间－空间修复”理论的重心所在。这一理论的核心所关注的是资本主义内部过度积累的长期趋势，要想避免资本盈余贬值，就必须寻找赢利方式来吸收这些剩余。哈维认为，地理扩张和空间重组为解决这一问题提供了选择。

哈维所指的“空间修复”主要可以归纳为三种表现形式。首先，交换几乎总是伴随着位置的转换，这些空间运动受到路程阻力的限制。商业资本的历史作用就在于不断探查和降低空间障碍。与此同时，运输和通讯产业方面的技术创新极大地改变了空间条件，减少了路程阻力。正如马克思所指出的：“资本按其本性来说，力求超越一切空间界限。因此，创造交换的物质条件——交通运输工具——对资本来说是极其必要的：用时间去消灭空间。”① 纵观整个资本主义历史，这一领域的发展在资本主义空间经济内部产生了促进作用。这种永不停息地减少路程阻力的动力，源于资本积累和追逐利润的冲动。其次，寻求区位优势，资本盈余向资源禀赋高、低成本、高利润的地区转移。一个地区的资本盈余可以在另外一些获利机会还没有丧失的地区找到赢利。对于资本而言，

① 《马克思恩格斯全集》第46卷（下），人民出版社1980年版，第33、16页。

区位优势所发挥的作用比运输、通讯等技术优势所发挥的作用更加见效、更直接。控制关键战略位置或资源丰富的地区是获利的重要武器。利用空间战略创造和保护垄断权利，体现了垄断和帝国主义之间的内部联系，全球化趋势是资本主义生产模式固有的本质。马克思恩格斯在《共产党宣言》中就指出，资本主义必然要向全球扩张。马克思进一步指出，资本主义的这种全球扩张将摧毁一切民族国家的边界，把一切东西都变成商品，今天的经济全球化使这些都成为了现实。由于资本主义生产方式的发展，“人们的世界历史性的而不是地域性的存在同时已经是经验的存在了”。① 马克思恩格斯提出了“历史向世界历史转变”的著名命题，实际上马克思的“世界历史”理论已经指证了经济全球化的存在。马克思还揭示了世界市场的实质：“不断扩大产品销路的需要，驱使资产阶级奔走于全球各地。它必须到处落户，到处开发，到处建立联系。”② 再次，国家联合体和次国家行为体的发展，构成资本积累的强大推动力。像欧盟那样的国家联合体是一个不容忽视的因素，而次国家行为体（如地区政府和大都市区）的数量则更多一些。贸易与竞争的模式、关键产业或科技联合体以及特殊劳资关系与技术的专业化和集中化，将众多区域经济组织松散地连接起来。区域性组织在超国家层面和次国家层面发挥了重要作用，是资本积累的推动力之一。

关于“时间修复”的表现，哈维认为主要体现在通过投资长期资本项目或社会支出来进行时间转移，以推迟资本价值在未来重新进入流通领域的时间。用于长期投资的项目或支出主要包括生产的固定资本（厂房和设备、发电能力、铁路网和港口等）、消费性住房、科研开发与技能培训以及教育和卫生保健等等。这些投资有助于提高未来的资本生产力，可能在很长一段时间内都具有生产价值。至少在一段时间内这种投资缓和了过度积累的问题。

哈维关于“时间修复”的认识仅仅体现在通过时间延迟来解决资本主义过度积累的危机。需要补充的是，时间提前也是解决资本主义内部

---

① 《马克思恩格斯选集》第 1 卷，人民出版社 2012 年版，第 166 页。
② 《马克思恩格斯选集》第 1 卷，人民出版社 2012 年版，第 404 页。

矛盾的方法之一，即通过刺激借债消费、扩大信用与经济运行金融化的方式提前释放吸收剩余的能力。而且，这种方式在当前的资本主义经济体系中的作用日益扩大，并成为金融危机的直接导因。

一个接一个新的“时间－空间修复”不断得以开启，剩余资本得到了暂时性的吸收。但是，“时间－空间修复”既包含着发展的内在契机，也隐伏着毁灭性惩罚的潜在危险。金融危机是“时间－空间修复”的表现形式之一，危机的出现刺激了修复手段的多样化；金融危机也是“时间－空间修复”的结果，金融化和全球化的趋势使得国际性金融危机呈现出周期性特点。金融危机本身就体现了“时间－空间修复”的局限性。

“时间修复”在缓和过度积累的同时也进一步刺激了资本的过度积累，从而成为危机发生的导因。从时间延迟的修复方法来看，如果在长期资本项目或支出方面过度投资，或者不能在一定时期内获得价值补偿，将会导致资本贬值，从而出现危机。房地产市场作为长期投资的项目之一经常成为危机发生的导火索。例如，1973—1975 年危机的起点是世界范围内房地产市场的崩溃；日本于上世纪 90 年代陷入长达十年之久的经济停滞，其起点是土地、房地产和其他资产价格领域内投机泡沫的破裂，从而使整个银行系统陷入灾难；1997 年亚洲金融危机的起点是泰国和印度尼西亚房地产泡沫的破裂；自 2001 年中期所有其他经济部门都开始陷入低迷以来，美国和英国最重要的经济支柱成为房地产市场和建设领域的持续投机；美国最大的两家非银行住房抵押贷款公司房利美和房地美在始于 2007 年的次贷危机中破产。从时间提前的修复方法来看，债务经济滋生了没有物质后盾的“虚拟金融资本”，其中包括大量非生产性活动，货币仅仅是被用来通过在商品期货、币值、债务和其他类似领域的投机活动，以此获取更多货币的工具。当数额庞大的资本被用于这一目的以后，开放的资本市场就会变成投机活动的工具，泡沫破灭之后危机现形。这成为金融危机爆发的直接原因。

作为“空间修复”主要手段的全球化进程导致了典型的帝国行为。空间中的垄断性竞争带来了非对称性交换。国际货币基金组织的目标是向国外扩展美国的金融力量，以及将其他的新自由主义实践强加于世界上的绝大多数国家。1979 年以来，发展中国家作为一个整体已经偿还了高达 7.673 千亿美元的外债。根据国际货币基金组织公布的数据，在同一时期内，它们的债务从 1980 年的 6.18 千亿美元增长到 2006 年的 3.15 万亿美元。[①] 世界的两极分化是全球化的伴生物。在 1820 年，西欧的人均收入是非洲的 3 倍，到了 20 世纪 90 年代，差距扩大为 13 倍。世界银行的经济学家米兰诺维克（Branco Milanovic）在进行了一项覆盖全世界的家庭收入调查后指出："世界上最富的 1% 的人相当于最穷的 57% 的人的总收入。1988 年最富的 5% 的人的平均收入是最穷的 5% 的人的 78 倍，到 1993 年则扩大到 114 倍。最穷的 5% 的人变得越来越贫困，其真实收入下降了 25%，而最富的 20% 的人的真实收入则增长了 12%，是世界平均工资的两倍多。全球收入不平等的扩大来自于一国内部不平等的扩大与国家间不平等的扩大。富国越来越富裕，而穷国越来越贫穷。"米兰诺维克依据不同的汇率标准计算出了世界的基尼系数，大致在 0.66 与 0.8 之间。[②] 从地缘政治上讲，西方发达国家已经没有殖民地，但是借助于金融资本的输出和扩张形成了没有殖民地的殖民主义，这是造成新帝国主义战争的根源。因此，"空间修复"的另一个结果就是随着各个充满活力的资本积累中心在资本过度积累的强大态势面前在世界舞台上相互竞争，国际竞争正呈现出越来越猛烈的态势，金融危机蔓延至全球，并可能引发各个区域之间的地缘政治斗争。在经济手段达不到目的的情况下，必然诉诸武力和战争。从一定意义上讲，"恐怖主义"是帝国主义自己孵化出来的毒蛇。

"空间修复"是资本主义转移国内危机的一种做法，但其释放危机的外部空间日益缩小。一方面是由发展中国家的相对贫困所造成的需求相对减少，另一方面是全球生产能力的过剩，过度积累已经从一国扩展到全球。在经济全球化条件下，世界市场的消费力既不取决于世界各国

---

① 参见 Paulo Nakatani and Rémy Herera. *The South Has Already Repaid it External Debt to the North But the North Denies its Debt to the South*. Monthly Review, Jun. 2007. pp. 31 – 36.

② 参见 Michael D. Yates. *Poverty and Inequality in the Global Economy*. Monthly Review, Feb. 2004. pp. 37 – 48.

绝对的生产力，也不取决于世界各国绝对的消费力，而是取决于世界范围内以不平等的分配关系为基础的消费力。于是当全球化的资本生产速度远远超过了市场的形成速度，而对产品的有效需求的增长率赶不上产品的生产率，资本生产的无限扩大与有限的世界市场之间就存在着尖锐的矛盾。资本的全球化将私有资本的内部矛盾引向世界，将资本主义基本矛盾引向深入，使其在全球范围内充分发展、充分展开。经济全球化的加速发展迅速减少了资本主义发展进程中外部化成本的释放空间。

资本主义国家抵御经济危机的各种对策一方面体现了资本主义生产关系进行自我调节的能力，体现了资本主义国家始终被局限于私有制的框架内进行着自我革新的努力，说明当代资本主义还具有生命活力；另一方面，资本主义在其自我扬弃的过程中孕育着资本主义自我否定的新元素，这些元素又成为资本主义基本矛盾进一步激化的动因。所以，资本主义的自我调节尽管有用，但也相当有限，而且其中“每一个对旧危机的重演有抵消作用的要素，都包含着更猛烈得多的未来危机的萌芽”。[①] 这充分证实了马克思关于资本主义历史命运的论断是不以时代变化为转移的客观真理。

第四节 关于2008年金融危机的思考

从美国次贷危机爆发到雷曼兄弟危机浮出水面，从美国国会通过7000亿美元救市方案到全球主要央行联手降息，新一轮金融危机铺天盖地席卷全球。危机来袭，对于金融市场走势的追踪与救市措施的探讨是热议的话题，对经济运行本身的关注成为焦点。透过金融与实体经济领域纷繁芜杂的衰退迹象，以冷静的态度理性地分析其背后所隐藏的本质，却往往容易被忽视。美国金融危机的实质是生产相对过剩，美国的收入差距是过剩危机出现的直接诱因，其深层次的根源则在于资本主义基本矛盾。马克思关于资本主义经济危机的论述，体现了其敏锐而深邃的洞察力。

---

① 马克思：《资本论》第3卷，人民出版社2004年版，第554页。

一、始于美国的债务偿付危机

美国次级房屋抵押贷款是美国金融机构向信用等级较低的购房者提供的一种抵押贷款。在美国抵押贷款市场，主要有三种信用等级不同的贷款，一是“优质”抵押贷款；二是“另类 A 级”抵押贷款；三是“次级”抵押贷款。判断优质贷款或次贷的标准是根据借款人的信用纪录、偿付额占收入比率（DTI）和抵押贷款占房产价值比率（LTV）。一般来说，DTI 低于 55%、LTV 低于 85% 的借款人的房贷为优质贷款，而 DTI 超过 55%、LTV 超过 85% 的贷款人的房贷为次贷。“另类 A 级”房贷是介于优质和次贷之间的灰色地带，是指借款人符合优质贷款标准，但没有提供所有收入证明等法律文件。由银行或投资公司向信用较差的客户发放的次贷风险较大，一旦发生拖欠、违约或取消抵押品赎回权，都会给贷款机构造成损失，并可能引发多米诺骨牌效应，对美国和相关国家的金融部门乃至全球金融市场产生消极影响。2007 年底以来蔓延至全球的金融危机，始于美国的次贷危机，危机主要表现为次级贷款的严重拖欠。美国房地产从 2006 年开始降温，“泡沫”破裂后，房地产价格大跌，原来售价 100 万美元的房子，现在只能卖到 60 万美元左右，出现了房地产全面缩水和下跌的局面。这使最终指望卖房子还贷款的人始料不及，房价下跌到卖房子也还不上贷款的地步，次贷危机终于浮出了水面，引发了金融风波。据美联储估计，到 2007 年底，美国固定利率次贷的严重拖欠率达 8%，而可调利率（简称调息）次贷的拖欠率已达 23%，其中有 10% 的调息次贷才发放了 6 个月就进入了严重拖欠状态。2007 年第三季度进入丧失抵押赎回权程序的调息次贷增加了 17.1 万笔，比第二季度增加了 36%，信贷规模的收缩是次贷危机对美国经济的所有影响中最要害的。据美联储的调查，2008 年的头三个月里，美国各银行都进一步收紧了放贷标准，从严掌握各种房贷的条款，造成信贷成本的提高和放贷的收紧。[①] 次贷危机全面爆发后，损失严重的金融机构惜贷成风，致使市场流动性严重不足，消费需求全面缩减。

2007 年年初以来，美国次贷危机经历了几个发展阶段：2 月，美国次贷市场危机初见端倪。由于借款方违约增多，美次贷放款机构出现亏损，第二大次贷机构新世纪金融公司的股票被停牌。4 月初，新世纪金融公司申请破产保护。5 月到6 月，一些西方对冲基金破产。5 月，瑞士银行下属 Dillon Read 资本管理基金因投资美国次贷市场出现严重亏损而宣告破产。6 月，美国知名的贝尔斯登资产管理公司因旗下两只对冲基金投资债务抵押债券而陷入困境。7 月，次贷问题导致私人股本运转失灵。7 月 25 日，用于联合博姿和克莱斯勒并购交易的融资严重受阻。投资者不仅担心信贷状况趋紧可能使收购热潮终止，还关切全球大型投资银行普遍面临的信贷问题。7 月至 8 月，次贷危机扩散至股市。投资者对于全面信用危机的担忧，引发股市和债市剧烈波动。

二、危机的全球蔓延

2007 年 8 月至 9 月，次贷危机造成了全球性信贷紧缩，各国央行被迫入市干预。经济全球化扩大和巩固了资本主义的世界经济体系，实现了贸易、金融、投资、劳务、技术等的全球自由流动，也促成了金融危机的“全球化”。美国金融危机引发了全球动荡，市场预计欧洲主要经济体将大幅降息，因为各主要经济体源源不断地报告糟糕的经济数据；亚太股市一泻千里，金融股下挫领跌；Icesave[②] 母公司、冰岛第二大银行——冰岛国民银行因陷入资金困境而被冰岛政府接管，冰岛面临国家破产的威胁……世界主要经济体正面临着经济衰退的问题，一些国家甚至已经陷入了困境，且还有多方面因素表明经济风险可能进一步恶化，经济需要更长的时间才能恢复正常。

---

① 参见李云林：《美国经济今年衰退的可能性有多大?》，载《学习时报》2008 年 3 月 24 日。

② Icesave 原为冰岛一家银行，2008 年金融海啸期间破产。

在美国发生次贷危机后，欧洲又爆发了主权债务危机。在欧洲，主权债务问题先是引发了金融危机，继而带来了政治危机。欧洲经济受美国金融危机的影响而衰退，衰退的欧洲经济又加深了其政治危机。与美国相比，欧洲的危机更加严重，因为欧洲不能作为一个整体与各个银行交涉，而需要欧洲各国去与各自银行进行交涉。经济衰退使欧洲国家的危机更为深重，希腊债务危机就是一个典型例证。2009 年 10 月初，希腊政府突然宣布，2009 年政府财政赤字和公共债务占国内生产总值的比例预计将分别达到 12.7% 和 113%，远超欧盟《稳定与增长公约》规定的 3% 和 60% 的上限。鉴于希腊政府财政状况显著恶化，全球三大信用评级机构惠誉、标准普尔和穆迪相继调低希腊主权信用评级，希腊债务危机正式拉开序幕。随着主权信用评级被降低，希腊政府的借贷成本大幅提高。希腊政府不得不采取紧缩措施，希腊国内举行了一轮又一轮的罢工活动，经济发展雪上加霜。至 2012 年 2 月，希腊仍在依靠德法等国的救援贷款度日。除希腊外，葡萄牙、爱尔兰和西班牙等国的财政状况也引起投资者关注，欧洲多国的主权信用评级遭下调。希腊债务危机的根本原因在于其经济竞争力相对不强，经济发展水平在欧元区国家中相对较低，经济主要靠旅游业支撑。金融危机爆发后，世界各国出游人数大幅减少，对希腊造成很大冲击。此外，希腊出口少进口多，在欧元区内长期存在贸易逆差，导致资金外流，从而举债度日。

三、危机之后

美国的次贷危机由房地产市场蔓延到信贷市场，进而演变为全球性金融危机，而华尔街无疑是这场金融危机的中心。2007 年 9 月金融市场发生剧烈震荡，华尔街更可以用大地震来形容。美国政府 9 月 7 日接管房利美和房地美后，为金融危机进一步恶化拉开序幕。市场曾因此一度恢复信心，然而好景不长，到了 9 月 15 日有着 158 年历史的美国第四大银行雷曼兄弟宣布并递交破产申请，成为继贝尔斯登之后受信贷危机影响最惨重的投行。同在 15 日，美林银行与美国银行仓促达成协议，以 500 亿美元全部股票形式贱卖给美国银行。而就在两天后，9 月 17 日美国国际集团获得美联储850亿美元信贷。在未获得任何喘息机会的情况下，9月25日华盛顿互惠银行又传倒闭噩耗，成为美国历史上最大一宗银行倒闭案。然而事情还远没有结束，金融风暴开始席卷欧洲，全球金融企业就像多米诺骨牌一样相继发生问题。美联储21日宣布批准华尔街仅存的两家大型投行摩根士丹利与高盛成为银行控股公司。华尔街在经历这样风暴式的洗礼后，已经面目全非，全球银行业迸发并购浪潮。

美国次贷危机爆发以来，政府采取一系列措施稳定金融市场。2008年7月，美国房利美和房地美两大房贷融资机构陷入困境，众议院通过总额达3000亿美元的一揽子住房援助法案，并向购房者提供总计150亿美元购房退税，以期促进金融市场和整体经济恢复稳定运行。虽然美国7，000亿美元金融市场救助方案获得通过，但人们对救助方案能否帮助信贷市场恢复正常运转和使经济恢复增长心怀疑虑。在欧洲，此次危机似乎是1999年欧元诞生以来的最严重的一次危机。当危机出现时，欧央行一度大规模对银行贷款，额外的资金并未使储户或者投资者恢复信心，欧洲股市的表现甚至比美国股市更差。在美国金融危机的冲击下，英国的北石银行（也译“诺森罗克银行”）、哈利法克斯银行、布拉福德—宾利银行等金融机构先后出现危机，或被政府实施国有化，或被其他银行兼并。德国政府出手救助德国房贷金融公司Hypo Real Estate，并把救助金额扩大到500亿欧元。荷兰政府以168亿欧元收购富通集团在荷兰的所有资产。欧洲开始展开大规模救市措施，爱尔兰政府官员和银行高管讨论对该国商业银行可能的救助计划。德国总理默克尔及财长史坦布律克承诺担保所有的银行存款。丹麦金融业也已与丹麦政府达成一项旨在支持市场信心的两年期担保计划。①

如果说1929—1933年大危机的根源，如凯恩斯所说，在于有效需求不足，包括消费不足和投资需求不足，那么，这次美国次贷危机也不例外，仍然是缘于有效需求不足所导致的功能性危机。只是这次有效需求不足在一段时间内被虚拟的过度需求所掩盖，表现为虚拟经济的过度膨

① 参见《美国金融危机向全球蔓延》，中国企业家网，http://www.iceo.com.cn/renwu/34/1999/1130/174586.shtml.

胀。催生这种过度膨胀的内在动力是投机资本的无限贪婪，而其形成和扩大的外部条件则是金融当局监管的缺失。次级贷款的偿付危机实质上反映了消费与生产之间的脱节，体现了有支付能力的需求与生产之间的矛盾，它的实质是生产的相对过剩。马克思认为，在物物交换的形式下，买和卖同时发生，因此不存在产生危机的因素。危机作为生产和需求失调的现象，是随着商品交换而产生和发展的。当人类社会进入以一般等价物为中介的间接的物物交换阶段，特别是当货币进入商品流通领域充当一般等价物（W—G—W）之后，情况发生了改变。在货币执行购买职能的过程中，买与卖的行为不同步，这样便潜伏了危机的可能性。随着货币的支付手段的出现，只要有一个人不能如期支付，就会导致一大批人无法支付，从而进一步增大危机出现的可能性。金融体系的强势发展一方面促进了资本主义生产的扩大，另一方面造成了一种虚假的需求，引起了资本主义生产的盲目扩大和投机活动，最终必然导致生产的过剩。这个时候会出现债务偿付危机，信用出现紧缩。信用是“生产过剩和商业过度投机的主要杠杆”。①

2008 年金融危机爆发后，首先是英国政府迅速以国家信用为担保，大手笔为私营的金融机构注资，驰援市场。美国虽然发力较晚，但救市力度却远超英国，金融危机以来，美联储先后于 2008 年 11 月、2010 年 11 月、2012 年 9 月和 2012 年 12 月推出了四轮量化宽松政策，资产负债表迅速扩充至 3 万亿美元，比 2007 年年底扩大了 3 倍以上。美联储不仅以史无前例的力度大规模购买美国国债及以其为抵押的金融衍生品，还直接注资于花旗、美国国际集团（AIG）等资不抵债的金融机构。这些救市行为的手段和力度都远远超过了凯恩斯当年的想象。

美国积极的货币政策已经取得了明显效果。经济增长方面，来自美国经济分析局（BEA）修订后的数据显示，2012 年，美国经济增长为 2.8%，比早前数据向上修正了 0.6 个百分点。这表明自去年以来，美国经济不仅有所复苏，且态势相当强劲。就业方面，7 月失业率降至 7.4%，创 2008 年 12 月以来最低水平，再加上作为危机“始作俑者”的

---

① 马克思：《资本论》第 3 卷，人民出版社 2004 年版，第 499 页。

美国房地产市场也逐渐回暖，使得本轮经济复苏看起来更加坚实。从实际情况看，在经济低迷的大部分时间里，美国经济结构性调整整体上比较缓慢。但是，对稳定增长有利且相对痛苦较小的结构调整有所进展。例如，在出口振兴计划提振下，美国外贸赤字有所降低，2012 年美国经常项目占 GDP 比重已由危机前的接近 6%，下降至 3%。相对而言，对于稳增长不利的结构性调整，五年来则基本是在原地踏步。例如，由于担心消费下滑对经济复苏的影响，美国过度依赖私人消费的状况没有改变，2012 年个人消费支出占美国 GDP 的比重仍维持在 70% 左右；另外，美国再工业化战略实施也不完全理想，美国制造业增加值占 GDP 比重仍旧维持在 11% 左右，甚至比金融危机前接近 12% 的水平还略有下降。此外，奥巴马积极推行的税收、医疗改革方面的进展也明显小于预期，比如，税收方面，奥巴马曾雄心勃勃的提出向富人加税，但原计划对年收入 25 万美元以上的家庭多征税根本无法施行，最终结果是将年收入 40 万美元以上的个人或年收入 45 万美元以上的家庭所承担的税率从 35% 上调至 39.6%。而奥巴马引以为傲的医保改革也面临着挑战，包括大部分州政府对于新医保法案相当抵触，大型保险公司对参与新医保计划的态度也并不积极。①

值得思考的是，金融危机后，为什么是作为震源地的美、英两国在发达国家中率先走出衰退？而且，美国的经济恢复情况在这些国家中是最好的，其房价近一年连续不断上涨，居民消费在恢复，一些失业率指标也在下降。这其中非常重要的一个本质性原因就是美元和英镑的国际地位，尤其是美元的霸主地位。美国是全球第一大国际货币的发行国，金融危机爆发后，美元的国际地位不降反升，超大规模的量化宽松政策并未带来国际金融市场对美元国际地位的怀疑。这种超稳定的国际信用，直接使量化宽松货币政策成为美国资产价格上涨的隐形催化剂。而美国资产价格上涨，尤其是股市上涨并再创历史纪录，直接帮助美国的金融机构和家庭修复其资产负债表。

---

① 参见沈建光：《金融危机五周年》，和讯新闻，http://news.hexun.com/2013-10-23/158989287.html.

第五节　社会主义生产方式与经济问题[①]

马克思认为，商品生产与流通自原始社会后期以来就有，但只是到了资本主义社会，商品的生产与流通才导致生产过剩和经济危机。马克思和恩格斯认为，资本主义社会必将被社会主义社会所取代。而在社会主义条件下，不再存在商品生产和货币关系，社会将通过占有和有计划地使用全部生产资料，调节着各种劳动职能同各种需要的适当比例，因此不会再出现生产过剩的经济危机。

一、马克思关于社会主义生产方式的论述

马克思关于经济危机论述的最关键的思想，即经济危机是资产阶级经济关系一切矛盾的现实综合和强制平衡。资本主义基本矛盾的积累和发展，推动这个生产方式的最终灭亡，它必将被社会主义生产方式所取代。马克思指出，在人们为自己而生产的社会条件下，确实没有经济危机。他在《剩余价值理论》第二分册中说："在人们为自己而生产的社会条件下，确实没有经济危机，但是也没有资本主义生产。我们从来也没有听说过，古代人在他们以奴隶制为基础的生产中见过什么危机，虽然在古代人中也有个别生产者遭到破产。"[②] 马克思在这里虽然列举的是古代人的例子，说明"在人们为自己而生产的社会条件下，确实没有危机"；但社会主义生产方式也是处在人们为自己而生产的社会条件下，因而也是没有危机的。恩格斯在 1847 年《共产主义原理》中也曾论述过彻底废除私有制以后将产生什么结果。他说："由于社会将剥削私人资本家对一切生产力和交往工具的支配权，也将剥夺他们对产品的交换和分配

---

① 本节的主要内容以《社会主义市场经济视域下马克思经济危机理论的当代性探讨》为题发表在《当代经济研究》2016 年第 2 期，第 12 – 18 页。

② 《马克思恩格斯全集》第 26 卷Ⅱ，人民出版社 1973 年版，第 573 – 574 页。

权，由于社会将按照根据实有资源和整个社会需要而制定的计划来支配这一切东西，所以同现在实行的大工业制度相联系的一切有害的后果，将首先被消灭。经济危机将终止，扩大的生产在现今的社会制度下引起生产过剩，并且是产生贫困的极重要的原因；但是到那时候，这种生产就会显得十分不够，一定要大大扩大。超出社会当前需要的生产余额不但不会引起贫困，而且将保证满足社会全体成员的需要，将引起新的需要，同时将创造出满足这种新需要的手段。这种生产余额将是进一步前进的条件和刺激，它会实现这种进步，同时也不会因此（像过去那样）而造成整个社会秩序的周期性混乱。"①

当时马克思恩格斯认为，在社会主义条件下不存在商品生产，私人劳动直接表现为社会劳动，将不再有生产过剩，也就没有了生产过剩的经济危机。马克思在《哥达纲领批判》中写道："在一个集体的、以共同占有的生产资料为基础的社会里，生产者并不交换自己的产品；耗费在产品生产上的劳动，在这里也不表现为这些产品的价值，不表现为它们所具有的某种物的属性，因为这时和资本主义社会相反，个人的劳动不再经过迂回曲折的道路，而是直接地作为总劳动的构成部分存在着。"② 恩格斯对这一美好的画面曾做出过详细的描述："一旦社会占有了生产资料，商品生产就将被消除，而产品对生产者的统治也将随之消除。社会生产内部的无政府状态将为有计划的自觉的组织所代替。生存斗争停止了。于是，人才在一定意义上最终地脱离了动物界，从动物的生存条件进入真正人的生存条件。"③

马克思主义经济学的经典理论不能完全摆脱历史的局限，克服这些局限，对于发展马克思主义经济学来说是至关重要的。关于社会主义消灭商品生产的理论就是具体表现之一。发生于19世纪中期的第一次工业革命促进了社会生产力的巨大发展，大机器生产广泛地取代了落后的手工业生产方式。这一次工业革命所导致的劳动简单化的后果，使得马克

① 《马克思恩格斯全集》第4卷，人民出版社1958年版，第369页。
② 《马克思恩格斯全集》第19卷，人民出版社1963年版，第20页。
③ 《马克思恩格斯全集》第20卷，人民出版社1973年版，第307－308页。

思恩格斯误把机器生产发展之初的某些现象当成了分工将要消灭的征兆，认为分工的消失在社会化大生产的条件下已经不再是什么虔诚的愿望，它已经被大工业变为生产条件本身。只要消除资本主义生产方式所造成的障碍和破坏、产品和生产资料的浪费，就可以做到这一点，从而得出了在当时的生产力发展的条件下就已经具备了消灭社会分工和商品生产、实现个人自由全面发展的结论。实践证明，在机器大工业的条件下消除社会分工是不可能的。根本原因在于机器的运转离不开人的直接控制和把握，这一点与人处理机器运动产生的信息的有限性能力之间存在着矛盾。只有消除了这个矛盾，才能直接消灭分工。

二、社会主义商品经济理论的发展

在马克思主义发展史上，社会主义商品生产问题是重大的理论问题之一。在马克思和恩格斯之后，社会主义商品生产问题是摆在马克思主义者面前急需解决的历史难题。第二次世界大战后建立起来的东欧社会主义国家，在初期都无一例外地模仿了苏联的经济体制模式，这种高度集权的以指令性计划为主的模式，在迅速恢复和发展国民经济，奠定社会主义的大工业经济技术基础等方面，都起到了重要作用。然而，随着战后初期经济的恢复以及社会的进一步发展，原有的苏联经济模式开始逐渐暴露出一些不利于经济协调、稳定和有效运行的矛盾，引起了苏联及东欧一些国家经济学界的注意。各国经济学界纷纷从不同角度提出了对传统苏联经济体制进行改革的经济理论。在这些改革理论及与之相关的改革实践中，社会主义商品生产问题、计划与市场的关系问题是社会主义国家所面临的最重要同时也是最棘手的理论问题。

20 世纪初，面对来自非社会主义阵营的一系列挑战，社会主义国家必须回答这样的问题：在公有制的条件下，社会主义能否实现资源的合理和有效的配置？1920 年，奥地利经济学派的米塞斯发表了《社会主义制度下的经济计算》。米塞斯认为，市场是资本主义社会制度的核心，是资本主义的本质，只有在资本主义条件下，它才是可行的。在社会主义制度下，它不可能被人为地仿制。面对米塞斯等人的挑战，波兰经济学家兰格在20世纪30年代撰写了《社会主义经济理论》，就社会主义经济能否解决资源合理分配的问题，提出了自己不同的观点。兰格大胆地认为，通过模拟市场竞争，社会主义国家同样能够实现市场均衡，即“中央计划局起市场的作用。它规定生产要素组合和选择工厂生产规模的规则，确定一个产业的产量的规则、配置资源的规则，以及在会计中将价格当参数使用的规则。最后，它规定物价，以便使每种商品的供求数量平衡”。[①] 兰格指出，社会主义计划经济不可能、也没有必要完全摒弃市场机制，计划可以对市场进行模拟，通过这种模拟，计划发挥类似市场经济中市场机制的作用，以引导资源的合理和有效的配置。兰格运用试验错误法从理论上解决了在公有制和计划经济条件下的资源配置问题，从而也就解决了社会主义经济中调节机制的最关键问题，即计划调节与市场调节的协调关系。自20世纪60年代以来，各社会主义国家在不同程度上进行了经济体制改革，与此同时，在理论上探讨适合各自国家的经济模式的过程中，都在不同程度上涉及了兰格的经济模式。他的社会主义经济模式思想，在国际经济学界影响深远。这一思想对社会主义经济运行理论具有开创性的意义。兰格模式的提出，对于社会主义经济运行模式的探讨起了极大地推动作用。

苏联经济学家利别尔曼于1962年9月9日在《真理报》上发表的一篇题为《计划、利润，奖金》的文章。在这篇文章中，利别尔曼对苏联经济管理体制的改革提出了一些大胆的建议，其核心思想是利润刺激，把国家和企业之间的关系建立在利润分配的基础上，鼓励企业接受计划，挖掘生产潜力，由此触发了一场广泛而深刻的经济改革大讨论。1983年，“西伯利亚改革学派”代表人物阿甘别吉杨在其主编的杂志《艾柯》上刊登了利别尔曼逝世前写的最后一篇文章，并刊登了悼念利别尔曼的短文，对利别尔曼的理论做出了很高的评价，这预示着一场新的改革思潮在苏联出现。长期以来，苏联是排斥商品生产的，认为在公有制占统治地位的社会主义不应存在商品货币关系。对此曾在全国范围内进行过

① ［波］奥斯卡·兰格，王宏昌译：《社会主义经济理论》，中国社会科学出版社1981年版，第15页。

多次大讨论，但基本上持否定态度。到20世纪70年代初，苏联理论界开始批判“市场社会主义”，这种批判一直延续到20世纪80年代初。苏共二十七大强调要努力克服商品货币关系所持有的种种偏见，提出要用“新的眼光”对待和发展这种关系。苏联理论界开始重新估价商品经济在社会主义社会中的地位，批评过去对商品货币关系和价值规律的偏见，以及往往把它们当作某种异己的东西同社会主义直接对立起来的做法。阿甘别吉杨指出，如资本主义一样，商品生产和商品货币关系是社会主义固有的，商品生产是由于生产者的独立性和社会分工而产生的，在这种条件下，要满足社会需要就必须发生商品交换。社会主义条件下全民所有制中的个别企业是相对独立的，因为全民所有的生产资料是由个别的企业占有、使用和支配的，企业实行完全经济核算，自筹资金、自我管理。社会主义条件下还存在着合作企业如集体农庄，有着独立的财产。个体劳动经济也具有独立性，而且社会主义国家积极参与的国际贸易也是商品货币关系的体现。上述社会主义商品生产和商品货币关系存在的因素和条件将会长期存在。① 尽管当时还存在着一些争论，但认为社会主义制度下的商品货币关系是社会主义经济本质所产生的东西，是社会主义生产关系和社会主义经济关系的组成部分，这样一种观点在苏联已经占据主导地位。

20世纪80年代初，从经济方面的状况来看，苏联一国已无法强有力地支配东欧各国。苏联已经失去了单独控制东欧各国的危机的经济能力。东欧各国在经济上开始倾向于西方，积极地从西方各国引进先进技术，力争加强自身的国际竞争力。东欧各国开始改革僵化的指令型计划经济，以解决经济困难、促进经济发展。从这个意义上讲，进入20世纪80年代以后，社会主义经济改革的浪潮是从东欧国家兴起的。几乎所有的社会主义国家都在改革的前夜广泛地开展了关于商品货币关系和价值规律作用的讨论。若要进行经济改革，就必须清除那种把商品经济与计划经济对立起来的传统观念，究竟承认不承认和在多大程度上承认社会

---

① 参见程恩富、李新、朱富强：《经济改革思维——东欧俄罗斯经济学》，当代中国出版社2002年版，第249－250页。

主义经济在本质上的商品经济属性，是理论争论的核心。斯大林逝世之后，世界社会主义政治经济学领域逐渐形成了一个有别于传统的"苏联经济学"的体系，即"东欧学派"。"东欧学派"以马克思主义经济学为理论基础，以社会主义经济关系为研究对象。在兰格模式之后，东欧经济学界又先后出现了布鲁斯模式、锡克模式和科尔内模式等，它们都在不同程度上受到兰格模式的影响，甚至可以说是对兰格模式加以补充、修改和完善的结果。从理论内容来看，"东欧学派"的研究主线是在承认社会主义还存在商品经济的条件下倡导和论证社会主义经济体制改革，指出社会主义经济体制有多种实现方式，认为改革是使社会主义运行转入新的发展轨道的必要步骤。

在近代历史上，中国一直以来是一个资本主义不发达、小生产占绝对优势的国家。新中国建立以后，发展商品生产，发挥价值规律的作用，常常受到误解，困难重重。有些人用小生产眼光来看待商品货币关系，采取排斥、反对的态度。这往往助长自然经济观，助长对待商品经济宁"左"勿右的态度，不利于发展商品经济和利用价值规律来为社会主义服务。中国经济学界在经过长期的讨论之后，对社会主义制度下的商品生产问题先后做出了几项重大突破：第一步是主张在经济活动中引入市场机制，第二步是确立社会主义商品经济论，第三步是确立社会主义市场经济论。1992 年春，邓小平在南方谈话中指出："计划多一点还是市场多一点，不是社会主义与资本主义的本质区别。计划经济不等于社会主义，资本主义也有计划；市场经济不等于资本主义，社会主义也有市场。计划和市场都是经济手段。社会主义的本质，是解放生产力，发展生产力，消灭剥削，消除两极分化，最终达到共同富裕。"① 这就从根本上解除了把市场经济当作资本主义本质特征的思想束缚，明确了社会主义经济体制改革的目标。

---

① 邓小平：《在武昌、深圳、珠海、上海等地的谈话要点》（1992 年 1 月 18 日），《邓小平文选》第 3 卷，人民出版社 1993 年版，第 373 页。

三、社会主义市场经济与经济问题

邓小平建设有中国特色社会主义理论指明，自20世纪70年代以来，在社会主义条件下，中国存在着公有制和私有制同时并存的经济结构，存在着商品生产和市场经济体制。当前中国所处的历史时期，既不是列宁时代那种从资本主义到社会主义的过渡时期，也不是斯大林和毛泽东时代那种只存在集体所有制和全民所有制两种公有制形式的时期，而是既存在公有制经济同时又存在个体经济和中外私有制企业的社会主义初级阶段。在邓小平生活的时代，中国的社会主义商品经济和市场经济，只是在国家的外部与资本主义国家发生的生产过剩的经济危机相联系；而在国内经济方面，由于商品经济而出现经济问题的现实可能性比较容易被忽视。进入21世纪以来，经济全球化发展到一个新的高度，改革开放的进一步深化又把中国推进到这个全球化之中。中国国内的商品经济也迅速地发展起来。虽然在社会主义制度下商品经济赖以运行的条件与资本主义制度下的商品生产与流通有所不同，但作为商品关系来说，同样具备了产生生产过剩的可能性。

长期以来，传统的马克思主义经济理论一直认为，资本、劳动力商品和剩余价值是资本主义特有的经济范畴，是资本主义生产关系的理论表现；在资本主义生产关系已不复存在的社会主义经济中不再有资本、劳动力商品和剩余价值范畴。应该说，这一理论观点直接来源于马克思的著作。1847年，马克思在《雇佣劳动与资本》一文中就明确指出："资本也是一种社会生产关系，这是资产阶级的生产关系，是资产阶级社会的生产关系。"① 但是，长期否认资本、劳动力和剩余价值的存在，对社会主义经济产生了严重的负面影响，导致固定资产的大量流失、企业积极性的丧失，从而在更广的范围和更大的程度上造成了短缺，严重制约了社会主义经济的发展。抛开资本、劳动力商品和剩余价值这些范畴的特殊性，我们所看到的现代意义上的资本、劳动力和剩余价值是社会

① 《马克思恩格斯全集》第6卷，人民出版社1961年版，第487页。

化商品经济的基本范畴，社会化商品经济是商品经济充分发展的阶段。与简单商品经济不同的是，在社会化商品经济中，不仅劳动产品成为商品，而且一切生产要素（包括劳动力）都成为商品；商品生产和经营的目的不再是获得另一种使用价值，而是实现价值的增殖，即获得剩余价值。这样，能够带来剩余价值的价值就转化为资本，整个社会的经济运行就表现为资本的运动。在《资本论》写作的时代，资本主义商品经济是社会化商品经济的唯一一种表现形式，因此，资本、劳动力和剩余价值都被马克思认定为资本主义特有的范畴。如今，社会主义市场经济成为社会化商品经济新的历史形态，资本、劳动力和剩余价值要还原其本来面目——社会化商品经济的基本范畴。马克思关于资本主义生产方式中经济危机的论述在一定条件下也是适用于社会主义市场经济的。

第一，关于生产过剩产生的原因。

关于生产过剩产生的基础，马克思曾经提出过一个重要的论断："构成现代生产过剩基础的，正是生产力的不可遏止的发展和由此产生的大规模生产，这种大规模的生产是在这样的条件下进行的：一方面，广大的生产者的消费只限于必需品的范围，另一方面，资本家的利润成为生产的界限。"① 马克思认为，形成生产过剩或普遍生产过剩基础有两方面的因素：一是生产力的不可遏制的发展；二是这种生产力的发展又遇到了两方面的限制：一方面，广大的生产者的消费只限于必需品的范围，即工人群众的贫困；另一方面，资本家的利润成为生产的界限，即生产规模的扩大受到利润量的限制。资本的目的不是满足需要，而是生产利润。马克思认为，生产过剩和经济危机是资本主义经济的发展趋势和内在调节机制。生产过剩是经济关系失衡的表现，而经济危机则是形成新的均衡状态的强制性力量。

经济危机是资本和劳动、生产和消费发生冲突的表现。如果我们把经济危机的具体形式、形成原因和它的经济内容区别开来，如果我们抛开危机的具体形式，那么，剩下来的经济内容就是：社会生产联系的断

---

① 《马克思恩格斯全集》第 26 卷第 2 册，人民出版社 1973 年版，第 603 - 604 页。

裂，生产和消费的对立，社会再生产的停滞和社会生产力的破坏。危机的具体表现是：重大比例关系失调，基本产业结构扭曲，隐性通货膨胀严重。由此造成的后果就是产品积压、企业破产、银行倒闭、工人失业。只要出现了这样的问题，就是发生了经济危机。需要指出的是，从中国的历史发展来看，传统的计划经济体制下发生的经济危机与社会主义市场经济条件下发生的经济问题在直接导因方面是有区别的。传统的计划经济体制以国家垄断和以行政手段配置资源为基础的，只要国家的指导方针和经济政策违背了客观经济规律，同样会发生经济问题。在社会主义建设史上，特别是在计划经济时期，无论苏联还是中国，都曾发生过“短缺性”问题，即生产相对不足的问题。

改革开放给经济的发展带来了新的机遇和挑战，投资环境宽松优越，使得各投资主体进入市场变得十分容易，于是全国上下掀起了投资生产的热潮。但是，当投资形成的供给超过了市场需求，因而导致投资过剩，导致生产能力和社会资源的浪费。中国股市在2005年股改之后持续地暴涨，出现了历史上从未有过的大牛市，股指上涨达到四倍。短时间内如此巨大的涨幅，无疑是一个市场过热的信号。另一方面，股市巨大的财富效应吸引了大量的投资者入市，股票成为了最好的投资工具，全民炒股热潮势不可挡。2007年4月，3天内持续每日开户20万人以上，3日开户的总和与2005年的一年持平，5月份日开户人又再创32万新高。① 近年来房价居高不下，一路高歌猛进，巨额利润使得房地产投资热有增无减。高涨的热情之下潜藏着危机，长此以往，泡沫的推高和破裂将对国民经济的发展和人民群众的切身利益造成损害。此外，收入分配差距的扩大也导致了消费者实际支付能力下降。2012年12月9日，中国家庭金融调查与研究中心（简称CHFS）举办了《中国家庭金融调查报告》专题发布会。报告显示，2010年中国家庭的基尼系数为0.61，高于当年世界银行所公布的全球基尼系数平均0.44；2011年中国城镇整体失业率为8.0%。下岗工人的增多和失业率的上升都是生产过剩的直接产物。

---

① 参见百度百科“投资过热”词条，https://baike.baidu.com/view/4168327.htm.

第二，关于金融危机与工业危机的关系。

无论是工业危机还是金融危机，以各种形式表现出来的经济危机具有共同的基础，这就是普遍的生产过剩。马克思指出："在生产过程的全部联系都是以信用为基础的生产制度中，只要信用突然停滞，只有现金支付才有效，危机显然就会发生，对支付手段的激烈追求必然会出现。所以乍看起来，好像整个危机只表现为信用危机和货币危机。而且事实上问题只是在于汇票能否兑换为货币。但是这种汇票多数是代表现实买卖的，而这种现实买卖的扩大远远超过社会需要的限度这一事实，归根到底是整个危机的基础。"① 马克思认为，金融危机是经济危机的序幕和第一阶段，是由发生包括金融危机和工业危机或商业危机时候的那种"商业危机"的普遍生产过剩引起的。

随着中国市场经济的发展，证券市场在促进资源优化配置、促进产业结构调整中发挥了重要作用。中国证券市场自改革开放初期形成到现在，规模日趋扩大，已达到许多国家几十年甚至上百年才能实现的规模，成为中国国民经济的重要组成部分和经济发展的重要推动力。同时，在超常规的快速发展中也产生了一系列违法违规的失信现象。失信行为的不时出现，影响了证券市场的正常有效运行，造成了市场秩序的混乱并进而形成了证券市场的信用危机。2000 年前后，由于以前银行的非市场化运作，中国的银行坏账积累下一大堆，银行不得不走向惜贷。从 1998 年到 2002 年，中国经济经历了长达 4 年的通货紧缩，世界上很少有国家会陷入这种长期的通货紧缩状态。在 1999 年，中国的通胀率是 -3%，投资增长率只有 5%。

信用的扩大意味着人们可以便捷地获得分期贷款、助学贷款、信用卡服务、家庭资产贷款或者其他种类的信用，这意味着低收入阶层收入约束的软化以及他们购买能力的增强。通过对许多大型制造公司和零售商的考察，我们会发现，金融业的发展与非金融公司的利润实现之间具有密不可分的关系。当汽车制造商为出售汽车而绞尽脑汁时，银行提供的贷款购车服务使其如沐春风。大型的消费品零售商也开始为顾客提供

① 《马克思恩格斯全集》第 25 卷，人民出版社 1974 年版，第 554 - 555 页。

各种各样的金融服务，如账单支付、支票兑现和汇票等。因此，当信用链条断裂之后，工商业领域的萧条也随之而来。

2007 年始于美国的次贷危机爆发以后，金融危机对中国最为直接的影响在于我国持有的大量美国债券承受的损失。中国资本市场受金融危机的影响也发生了剧烈震荡。由于金融危机带来的对市场的负面预期，对未来经济增长信心下滑，在中国股市由高点向下调整的过程中，更加加剧了下跌的幅度。国内的生产过剩迫使企业竭力扩大外国市场，对外依存度越来越大。因此，其他经济体的金融危机对中国制造业企业的影响也愈益明显。如 1998 年和 2008 年，当国际性金融危机爆发时，中国企业的出口量大规模减少，这样的外部冲击使得外向型企业首先陷入困境，进而传导到经济链条的其他企业和产业。

第三，社会主义经济问题的产生来自社会主义社会的基本矛盾，即生产力与生产关系的矛盾。

马克思说："资产阶级生产的一切矛盾，在普遍的世界市场危机中集中的暴露出来，而在局部的（按内容和范围来说是局部的）危机中只是分散地、孤立地、片面地暴露出来。"[①] 在危机中，资本主义私有制和社会化大生产之间的矛盾达到剧烈爆发的地步。商品流通暂时停顿下来，流通手段即货币成为流通的障碍。经济的冲突达到了顶点：生产方式起来反对交换方式。科学技术的迅猛发展使得生产的分工越来越精细化，生产力水平对生产资料的占有格局提出的社会化要求愈益强烈。资本主义生产关系开始在不断的自我调整中去应对社会生产力发展提出的新要求。

由于社会主义经济是商品经济，社会主义社会的基本矛盾就也带有商品经济的特点，表现为生产的社会性和占有制的局部性的矛盾。在科学技术和分工日益发展的条件下，社会主义生产也愈益社会化。同时，由于全民所有制和集体所有制经济都是相对独立的商品生产者和经营者，具有独立的经济利益，且公有制企业与私有制企业之间的交换不可能采取无偿调拨的方式，必须以商品形式，等价交换。这样，不同所有制经

① 《马克思恩格斯全集》第 26 卷第 2 册，人民出版社 1973 年版，第 610 页。

济、不同所有制经济的载体即企业或经济单位，在社会生产各个环节就形成了供给与需求，生产与消费、买与卖的关系。这些关系互相依存、互相影响，形成一个庞大的矛盾系统。这个矛盾系统需要我们认真对待和正确处理，否则，经济问题就会发生。

第四章 垄断金融资本时代马克思主义世界市场理论的当代性

马克思的世界市场理论指出资本主义生产关系的世界性扩张是推动世界市场发展的根本动因，资本主义生产关系的存在与发展只有在世界市场中才能得到全面的解释和说明。这一理论科学地预见到世界市场是社会主义产生和发展的重要条件，提出了世界市场对社会主义的历史要求，在当代仍然具有重要的理论意义和实践意义。马克思用“世界历史”的眼光研究经济学，拓展了马克思主义经济学的研究主题。在垄断金融资本时代，全球化的本质是金融化的垄断资本在全球的扩张。资本主义金融化造成了经济停滞、债务负担、工人失业、世界经济危机和新帝国主义。

第一节 马克思的世界市场理论及其当代意义

1857 年下半年，马克思在《〈政治经济学批判〉导言》中为政治经济学原理部分的理论体系设计了“五篇结构计划”：(1) 一般的抽象的规定；(2) 形成资产阶级社会内部结构并且成为基本阶级的依据的范畴；(3) 资产阶级社会在国家形式上的概括；(4) 生产的国际关系；(5) 世界市场和危机。之后，在《政治经济学批判》第一分册“序言”中，马克思修改了“五篇结构计划”，公布了“六册书计划”，即：资本、土地所有制、雇佣劳动、国家、对外贸易、世界市场。由此可见，马克思是打算在其中的第五册“对外贸易”和第六册“世界市场”中研究国际经济关系问题的。虽然，马克思在有生之年只完成了作为基本原理的《资本论》，但是在他卷帙浩繁的手稿中，留下了大量关于世界市场与国际经济关系的重要论述。

一、世界市场的形成与本质

马克思认为，世界市场的形成和发展是一个客观的历史过程。他在《资本论》中写道："资本的现代历史可以追溯到16世纪世界范围内商业和市场的产生。由于内河蒸汽机、铁路、海洋蒸汽机和电报机系统的发明，航行船只的建造发生了根本的改变，交通运输方式逐渐适合机械工业的生产方式。铸造、焊接、切割、打钻、成型大量的铁，相应地需要庞大的机器，对制造业时期生产方式而言，这是完全不够的。""纺织机和织布机的制造业也开始形成独立的产业；由于这些机器是由机器制造的，机器制造业又反过来影响铁铜的采矿业；因此，纺纱革命的结果必然导致整个产业革命。"① 金属加工和煤、铁、锡、铜开采振兴了，产生了新的交通工具、公路和运河。在《德意志意识形态》一书中，在"1. 费尔巴哈"中，马克思和恩格斯指出："随着制造业的到来，不同的国家形成了商业竞争关系，而这种竞争关系是靠战争、保护性关税与禁令来维持的；而早期的国家关系，是全面联系的自由贸易关系；从这时起，贸易开始具有政治上的重要性……"美洲大陆的发现和东印度航线，扩大了交流范围，从而推动了制造业和生产的运动。

由此可见，生产力的发展为世界市场产生提供了物质基础。世界市场在形成之初表现出来的特点是：制造业和商品贸易是其核心内容，国际分工与交换的扩大是推动世界市场产生和形成的直接动力。在这种意义上，马克思把世界市场视为世界各国相互间通过对外贸易和经济合作关系建立起来的进行商品交换的场所和领域。这是马克思所使用的世界市场的"第一种概念"。在这里，马克思把世界市场看作是国际流通过程的一个因素，看作是国内市场向国外的延伸，它是在各国国内市场基础上形成的有机整体，是商品交换关系突破国家界限扩充到世界范围的

① 转引自［德］埃克·考普夫：《弗里德里希·恩格斯和卡尔·马克思论"世界市场"》，载《海派经济学》2006 卷第 14 辑。

结果，因而是国际交换关系的总和。

在长期竞争中，不同的国家瓜分了开放的世界市场。这个时期的特征是：金银可以出口，并出现了货币贸易、银行、国家债务、股票，金融得到了发展，而制造业处于了次要的地位。“尽管有着关税保护，大规模工业还是使得竞争到处都出现了……交通方式与现代市场的确立、贸易的细分使所有的资本转换为工业资本，也因此加速了货币的流通（产生了金融体系）并且导致资本的集中。普遍的竞争使每个人都去最大限度地强化他的活力。竞争尽可能地破坏了意识形态、宗教、道德等，使它们成为明显的谎言。竞争第一次使世界历史畸形发展，它使所有文明国家及其子民依赖于对整个世界的欲望满足，从而破坏了先前分隔的不同国家的自然排他性。竞争使自然科学屈服于资本，并且剥去了劳动分工自然性的最后一丝伪装。总之，竞争破坏了所有自然的特性，乃至劳动的特性，并把所有的自然关系变成了货币关系。”①

资本主义生产关系的世界性扩张是推动世界市场发展的根本动因。资本主义生产关系的存在与发展只有在世界市场中才能得到全面的解释和说明。资本主义生产促进了世界市场的形成与发展，使一切国家的生产和消费具有了世界性，使过去那种地方的和民族的自给自足和闭关自守状态被各民族、各方面的相互往来、相互依赖所代替。在这里，马克思用世界市场表示发展为世界规模的资本主义经济关系的整体和总体。在世界市场的“第二种概念”中，资产阶级社会越出国家的界限。在这个意义上，马克思用世界市场表示在各国资产阶级社会基础上形成的资产阶级社会的总和，世界市场成为一个最大的总体概念，“第二种概念”更能突显出世界市场的本质。

早在《共产党宣言》中，马克思就揭示了世界市场的本质是资本剥削雇佣工人从而自行无限增殖以及内在的扩张。马克思在《共产党宣言》中指出：“大工业建立了由美洲的发现所准备好的世界市场。世界市场使商业、航海业和陆路交通得到了巨大的发展。这种发展又反过来

① 《马克思恩格斯全集》第3卷，人民出版社1960年版，第63页。

促进了工业的扩展。”[①] 在《政治经济学批判》（1857—1858 手稿）和《资本论》中，马克思又进一步系统地从资本产生的社会历史过程和社会历史条件来揭示资本主义世界市场的本质。马克思认为，资本主义世界市场的根源在于资本的本性，是资本自身不断扩张的必然结果。

二、世界市场的历史重要性

到马克思、恩格斯生活的年代，世界市场已得到充分发展，一个有机的、整体的世界经济体系已经形成。尽管世界市场还没有渗透到世界的每一个角落，但它已经成为资本主义再生产的必要条件，不仅对国内的社会、政治、经济和文化产生深刻的影响，而且几乎使一切国家的生产和消费都变成世界性的。马克思指出：“世界市场是资本主义生产方式的基础和生活环境。”[②] 产品的交换和市场在资本主义社会之前也存在。但是，世界生产和世界市场的产生是资产阶级的历史任务，是建立资本主义社会的条件和结果。不断扩大规模的资本主义生产方式的内在必要性趋向于不断地扩大世界市场。“资产阶级，由于开拓了世界市场，使一切国家的生产和消费都成为世界性的了”。[③]

世界市场是资本剥削雇佣工人从而自行无限增殖以及内在扩张的本性的外在表现。随着资本主义的进一步发展和资本积累，资产阶级手中已经积累了大量的货币资本。对于剩余价值无止境地贪欲使资本充满了不断膨胀和扩张的冲动，它力求冲破各种地域限制，为自己的生存和发展寻求更大的发展空间。而在那些经济落后国家，资本短缺、地价便宜、原材料价格低廉、劳动力价格便宜、销售市场广阔。更为重要的是，这些国家的自然经济已经被资本主义的商品输出所瓦解，铁路和港口等交通运输设备已经建成或正在兴建。这一切都为资本的国际转移和流动，为资本大规模地跨越国家的界限提供了重要条件。

---

① 《马克思恩格斯选集》第 1 卷，人民出版社 2012 年版，第 401－402 页。
② 马克思：《资本论》第 3 卷，人民出版社 2004 年版，第 126 页。
③ 《马克思恩格斯选集》第 1 卷，人民出版社 2012 年版，第 404 页。

世界生产和世界市场也是建立社会主义社会的一个条件。生产社会化程度的增进与世界市场发展促进了劳动者的联合。“这种联合由于大工业所造成的日益发达的交通工具而得到发展，这种交通工具把各地的工人彼此联系起来。只要有了这种联系，就能把许多性质相同的地方性的斗争汇合成全国性的斗争，汇合成阶级斗争。而一切阶级斗争都是政治斗争。中世纪的市民靠乡间小道需要几百年才能达到的联合，现代的无产者利用铁路只要几年就可以达到了。”① 随着工业的发展，无产阶级不仅人数增加了，而且它结合成更大的集体，它的力量日益增长，它越来越感觉到自己的力量。机器使劳动的差别越来越小，使工资几乎到处都降到同样低的水平，因而无产阶级内部的利益、生活状况也越来越趋于一致。世界市场在促进无产阶级联合起来的同时又使得他们的状况相对恶化，为社会主义在世界范围内的建立提供了阶级力量。

马克思曾经指出：“如果不就内容而就形式来说，无产阶级反对资产阶级的斗争首先是一国范围内的斗争。”② 世界市场的形成，使发达国家和落后国家共存于世界市场之中，为落后国家的发展带来机会，推动落后国家制度变迁。资本主义世界市场的扩张伴随着发达国家对经济文化比较落后国家的殖民剥削和掠夺，给这些国家带来了灾难。这种灾难的程度是深重的，但是，这却是世界历史发展的必然性，是在世界历史发展进程中资产阶级所负有的为新世界创造物质基础的历史使命，这就是：“一方面要造成以全人类互相依赖为基础的普遍交往，以及进行这种交往的工具，另一方面要发展人的生产力，把物质生产变成对自然力的科学支配。”③ 经济文化比较落后国家的社会矛盾随着资本主义的不断入侵而不断激化，无产阶级革命日益高涨，无产阶级革命的重心开始移向经济文化比较落后国家。

社会主义制度要取得胜利，除了进行政治革命、建立国家机构以外，还必须拥有能够支配世界市场的现代生产力。世界市场的存在为社会主

---

① 《马克思恩格斯选集》第 1 卷，人民出版社 2012 年版，第 409 页。
② 《马克思恩格斯选集》第 1 卷，人民出版社 2012 年版，第 412 页。
③ 《马克思恩格斯选集》第 1 卷，人民出版社 2012 年版，第 862 页。

义的发展提供了物质前提。“不这样，（1）共产主义就只能作为某种地域性的东西而存在；（2）交往的力量本身就不可能发展成为一种普遍的因而是不堪忍受的力量：它们会依然处于地方的、笼罩着迷信气氛的‘状态’；（3）交往的任何扩大都会消灭地域性的共产主义。共产主义只有作为占统治地位的各民族‘一下子’同时发生的行动，在经验上才是可能的，而这是以生产力的普遍发展和与此相联系的世界交往为前提的。”①

三、马克思的世界市场理论的当代意义

马克思的世界市场理论探讨了世界市场形成和发展的原因，考察了资本主义生产方式与世界市场之间的关系，提出了世界市场条件下不发达国家的发展道路问题，并科学地预见到世界市场是社会主义产生和发展的重要条件，提出了世界市场对社会主义的历史要求。这些理论在当代仍然具有重要的理论意义和实践意义。

第一，在“世界历史”的视野之中研究资本主义。

马克思在《共产党宣言》中预见到资本主义通过世界市场的扩大和深化，带来了生产、消费和文明的相互依存和世界化，在当今资本主义全球化发展中这一预见依然适用。马克思的世界市场理论表明，资本的扩张本性是推动世界市场形成和发展的内在动力。资本越发展，从而资本借以流通的市场，构成资本空间流通道路的市场就越扩大，资本同时也就越是力求在空间上更加扩大市场。马克思不仅指出了资本主义生产方式对世界市场形成和发展的作用，而且还论述了世界市场对资本主义历史进程的影响。世界市场的产生既是资本主义发展的条件，也是资产阶级的历史任务。有学者指出，马克思构建科学的世界历史理论的直接基点是：“资本是一种国际力量”“社会主义是作为世界历史性事业”而存在的。所以，要在资本占统治地位的世界历史时代中发展社会主义，

① 《马克思恩格斯选集》第1卷，人民出版社2012年版，第166页。

从而最终实现社会主义世界历史时代对资本主义世界历史时代的取代。[①] 马克思在“世界历史”的视野之中研究资本主义，为我们研究全球化问题、研究垄断金融资本时代资本主义社会的发展问题提供了一个基本原则。

第二，中国要实现现代化，就必须积极地融入世界市场。

马克思的世界市场理论对我们科学认识当代世界市场的特征提供了理论基石，同时，这一理论对中国经济的发展具有重要的启示。马克思世界市场理论揭示了任何一个国家都不可能脱离世界市场而独立存在。马克思的世界市场理论还指出了世界市场对社会主义的历史要求。在马克思看来，交往的任何扩大都会消灭地域性的共产主义，“共产主义”是以生产力的普遍发展和与此相联系的世界交往为前提的，它只有作为世界历史性的存在才有可能实现。中国经济作为世界经济的重要组成部分，能否持续快速发展，与国际经济总体发展态势和实施的对外政策密切相关。在经济全球化不断发展的新的国际经济总体形势下，如何认识并把握世界市场，并最终成功的融入世界市场就显得尤其重要。

自改革开放以来，尽管中国的贸易结构已经由过去的以农业和初级产品为主，转向以工业制成品为主，但是，与发达国家的贸易发展特点和趋势相比，中国对外贸易的增长方式还有明显的差距。出口货物处于低级水平，出口秩序混乱，充分说明，中国对外经济发展处于低级阶段，这是由技术落后，法制建设不健全等多方面因素决定的，说明我们需要与国际接轨，加强技术、经验交流与合作，以促进中国经济的发展。与此同时，由于当前的世界市场是资本主义所主导的，在积极融入世界市场的过程中，保护国家经济安全、坚持经济发展的自主性和坚持有中国特色社会主义不动摇、保证改革和开放的方向性不受到影响和破坏也是至关重要的。

第三，在世界市场的条件下，经济文化比较落后国家的发展道路

---

① 参见叶险明：《马克思世界历史理论的特性与世界历史理论基本问题——马克思主义世界历史理论在当代发展的一个重要逻辑环节》，载《马克思主义研究》2010 年第 1 期，第 76 页。

问题。

马克思恩格斯的晚年是与东方社会的历史命运紧密联系在一起的。马克思的东方社会发展道路理论认为，要利用殖民统治的积极成就，赢得民族独立，摆脱殖民压迫和剥削，谋求东方社会的进步与发展。马克思的东方社会发展道路理论对后人认识经济文化落后国家的发展进程和规律有着重要的方法论意义。世界市场将无产阶级和资产阶级的矛盾由单个国家扩展到世界范围。

面对世界市场时，经济文化比较落后的国家怎样才能在保留住资本主义的文明成果的同时，避免资本主义带来的灾难性的后果？关于资本主义所主导的世界市场对落后国家经济发展道路的历史影响，马克思在《共产党宣言》中指出："正像它使农村从属于城市一样，它使未开化和半开化的国家从属于文明的国家，使农民的民族从属于资产阶级的民族，使东方从属于西方。"① 在垄断金融资本时代，当前的历史环境发生了变化，殖民压迫和剥削也呈现出不同于以往的新特点。但是，这一论断仍然是适用的。马克思还指出了另外一种可能性，即落后国家借助于世界市场可以跨越资本主义"卡夫丁峡谷"②。这是马克思世界市场思想的又一基本结论。1881 年，在给俄国"劳动解放社"成员查苏利奇的复信稿中，马克思在分析了俄国农村公社的特点和所处的历史环境后指出："它可以不通过资本主义制度的卡夫丁峡谷，而吸取资本主义制度所取得的一切肯定成果。它可以借使用机器而逐步以联合耕种代替小土地耕种，而俄国土地的天然地势又非常适合于使用机器。如果它在现在的形式下事先被引导到正常状态，那它就能直接变成现代社会所趋向的那种经济体系的出发点，不必自杀就能获得新的生命。"③ 马克思在论及俄国社会发展问题时反复强调，俄国农村公社要想实现向新社会的跨越，必须抓住其与西方资本主义同时存在的历史条件，充分利用世界市场。根据

① 《马克思恩格斯选集》第 1 卷，人民出版社 2012 年版，第 405 页。

② "卡夫丁峡谷"典故出自古罗马史，战胜者萨姆尼特人在该峡谷下羞辱战败的罗马军队。后来，以"卡夫丁峡谷"来比喻灾难性的历史经历，引申成为人们在谋求发展时所遇到的极大困难与挑战。

③ 《马克思恩格斯全集》第 19 卷，人民出版社 1963 年版，第 451 页。

"跨越卡夫丁峡谷"的思想，苏联、东欧、中国等东方落后国家相继取得了社会主义革命的胜利，在一定程度上证明了"跨越卡夫丁峡谷"理论的正确性。

第四，金融化与帝国主义之间的关系。

金融资本的全球化也是资本主义生产关系在世界范围内扩张的过程。马克思和恩格斯已经预见到世界生产和世界市场是金融和信用体系的一个重要纽带，并对未来联合社会具有重要的作用。马克思在《资本论》中谈到了信用体系的双重性："一方面，把资本主义生产的动力——用剥削别人劳动的办法来发财致富——发展成为最纯粹最巨大的赌博欺诈制度，并且使剥削社会财富的少数人的人数越来越减少；另一方面，造成转到一种新生产方式的过渡形式。"① 在马克思看来，信用体系本身虽然具有资本主义生产方式的内在形式，但信用体系是使其发展到最高或最终形式的推动力。信用体系是资本主义生产方式过渡到联合劳动生产方式的强有力杠杆。

马克思的世界市场理论对于我们理解金融化与帝国主义之间的关系具有重要意义。关于资本主义体系的经济运行方式，我们今天面对的最为复杂的问题是全球化问题。金融化与帝国主义、全球化有着怎样的关联？资本主义发展的一个重要方面是资本主义经济体系的地域扩张。全球化过程从殖民主义时代开始，在20世纪继续发展，直到当前的跨国公司统治阶段，从把世界分成复杂的民族国家等级体系的意义上说，全球化过程是以帝国主义的方式进行的。从国际上来看，当前的具体表现是以第三世界国家的债务重组为杠杆，世界进入了新自由主义全球化时期。

① 马克思：《资本论》第3卷，人民出版社2004年版，第499页。

第二节　经济全球化与马克思主义经济学的新发展[①]

马克思的世界市场理论不是经济全球化理论，但经济全球化是在世界市场的基础上发展起来的，因而经济全球化的本质深深地体现在马克思所揭示的世界市场的本质中。马克思用“世界历史”的眼光研究经济学，拓展了马克思主义经济学的研究主题。马克思研究世界市场问题的视角和方法及一些有关的具体分析和思想，对于我们今天研究经济全球化问题有着重要的启示和指导作用。

一、对经济全球化性质的探讨

各国马克思主义者结合经济全球化在当代的新表征，继承并发展了马克思主义经典作家的相关理论，对经济全球化的性质进行了新的探讨和分析。马克思的世界历史理论认为，人类社会从各民族的历史向世界历史的转变是资本主义的首创。列宁也指出，垄断性金融资本的本性是推动国际化、全球化的根本动力。马克思主义经典作家着眼于从世界资本主义体系的发展来分析经济全球化的性质。当代马克思主义者沿袭了这一方法，在探讨经济全球化的性质时，更侧重于从生产关系的视角来进行研究。

美国垄断资本学派的创始人保罗・斯威齐指出，资本的积累本性决定了经济全球化的资本主义性质。全球化既不是资本主义存在的一个条件，也不是它存在的一种外在表现，而是资本主义与生俱来的一个过程。事实上，自资本主义于四、五百年前作为一种具有生命力的社会形态来到世间时起，这一过程便开始了。他进一步指出，资本主义就其最深刻

---

① 本节的主要内容被收录进顾海良教授主编的《马克思主义发展史》（中国人民大学出版社 2009 年版）一书由笔者执笔的第十三章《经济全球化与马克思主义的新发展》。

的实质而言，是一种扩张的制度，它既有向内的扩张，也有向外的扩张。资本主义一旦站稳脚跟，就会既要求取得自身发展，也要向外扩张。全球化在各种各样的发展中留下了自己的印记，但全球化本身并不是一种驱动力量。斯威齐指出，就经济全球化的本质而言，“它依如在现代历史的整个时期内所表现的那样：是一个始终在扩张、但时常会爆炸的资本积累过程”。①

英国经济学家戴维·麦克莱伦就西方右翼和左翼对经济全球化的理解进行了分析，并提出了自己的观点。麦克莱伦认为从广义上来说，右翼把全球化欢呼为社会生产力增长的一个进步过程。就像曾任美国国务院思想库副主任的弗兰西斯·福山最初阐述的那样，他们把全球化看作是自由市场资本主义的普遍胜利，认为自由市场资本主义将引起民族国家的灭亡，且不用对现行不规范的市场进行粗暴的政治干涉。而仍然倾向在国家范围内寻找解决方法的左翼要么认为全球化是一个神话，要么认为全球化没有什么新东西。因此，传统的解决办法，例如凯恩斯的需求管理依然有效。在此基础上，麦克莱伦更为直接地指出，所谓的全球化与资本主义的发展有关。而且，他认为全球化的历史进程与社会主义的本性是相关联的。从更广的意义上说，社会主义就其本性而言是包括全球化在内进而与历史发展的本质相一致的。“在我们受遥远事件的影响比以往任何时候都更加直接，以及我们自身通过自己的选择———不论多么小———具有全球的影响这一意义上，全球化与社会主义所期望的内涵是相吻合的。”②

对当前所处时代的认识与理解全球化的本质是密不可分的。乌克兰学者 E·H·哈尔拉缅科和 A·B·哈尔拉缅科在乌克兰《马克思主义和当代》杂志上撰文指出，与资本主义的帝国主义阶段完全相符的跨国垄断主义者同盟之间的瓜分世界成为决定性的因素，垄断资本主义的跨国

---

① Paul M. Sweezy. *More (or Less) on Globalization*, Monthly Review, Sep. 1997. pp. 1 –4.

② ［英］戴维·麦克莱伦：《全球化与 21 世纪的马克思主义》，载《教学与研究》2005 年第 10 期，第 7 页。

化是“全球化”的实质。[①] 各国马克思主义者普遍认为，我们仍然生活在资本主义占统治地位的时代，这是我们理解今天的世界及其变化的基础。从这个基础上看，经济全球化与开始于20世纪70年代的世界资本主义变革联系在一起，是资本主义生产关系在世界范围扩张的结果。而且，在全球化背景下，资本主义制度也在向深度方向做剧烈的扩张，资本主义生产关系正试图在全球取代所有前资本主义生产关系的残余。俄罗斯联邦共产党主席久加诺夫指出，在目前条件下，极为迫切的任务就是要创造性地阅读列宁的帝国主义理论。久加诺夫认为，全球化是伴随人类整个历史的一个客观、必然的进程，因此全球性问题是全人类的共同问题。但是，它们并不是由作为一个整体的人类产生的，而是由具体的社会经济形态——资本主义或者高度发达的资本主义国家集团产生的。“这样一来，由‘全球化’这一术语所表示的当代现象的最普遍的定义是：使劳动社会化遍及全世界的资本主义形态。”[②] “全世界的资本主义形态”，充分体现了马克思主义经典作家关于经济全球化论述的思想核心。

从生产关系上来看，经济全球化是当代资本主义发展的结果；而从当代资本主义发展进程中的主导理念来看，全球化也是一种意识形态。巴西经济学家多斯桑托斯认为，经济全球化实际上是20世纪80年代初里根和撒切尔夫人推行新自由主义政策的结果。多斯桑托斯指出，新自由主义政策是一种反动政策，其反动性在于力图把今天的世界拉向倒退，把世界经济拉回到垄断资本和金融寡头统治的时代。他并不认为新自由主义是一种绝对的“自由主义”，相反，这种“全球化”的世界经济实际上仍然是以国家为中心的，因为新自由主义对国家经济的干预是相当强的。要认识到全球化框架中占主导地位的新自由主义政策带有很大的欺骗性。新自由主义的推行，使得在经济全球化的进程中工人运动和第

① 参见柳丰华编写：《全球化的本质——垄断资本主义的跨国化》，载《国外理论动态》2002年第11期，第16页。

② 张国风等摘译：《久加诺夫论全球化》，载《国外理论动态》2002年第12期，第13页。

三世界的社会主义运动加强了，西雅图发生的反全球化运动就表明了这一点。多斯桑托斯进一步指出，少数国家利用新自由主义政策对世界经济进行控制，“这就是所谓‘全球化’的框架”。①

新马克思主义经济学家们也普遍认为，全球化趋势和新自由主义的兴起之间有很大的相关性。在其著作《希望的空间》中，英国新马克思主义者戴维·哈维旗帜鲜明地指出，全球化就是新自由主义的全球化，这种全球化成功地使工人相互之间永不停歇地竞争，从而瓦解了工人阶级运动。美国新马克思主义经济学家大卫·科茨认为，全球化所表现的跨国经济活动的增强，使各国大公司一方面竞争压力增大，另一方面又可以较自由地摆脱国内限制，这导致大公司既必须又有可能降低劳工标准和环境标准，这种趋势形成了新自由主义产生的背景。新自由主义可能使资本主义面临一个停滞、动荡甚至崩溃的未来，但是资本主义在短期内无法重新回归调节主义国家以应对危机，只有在世界发生重大动荡和社会主义运动兴起以后才有这种可能。科茨指出，当代的资本主义全球化，无论是从资本主义世界不断增加的经济一体化意义上，还是从世界资本主义的地理大扩张来看，都给发展新的调节主义的国家设置了障碍。② 新马克思主义经济学家认为，20 世纪 90 年代出现的以跨国金融资本在全球迅速而自由的流动为其主要特征的经济全球化，是冷战结束后资本主义市场经济的全球扩张，更精确地说，是以美国资本为首的跨国资本的全球扩张。新马克思主义对新自由主义和经济全球化的批判，是 20 世纪 90 年代以来新马克思主义理论的一个重要内容。

根据马克思主义经典作家的理论，经济全球化具有二重性，它既是生产社会化在全球范围内的发展过程，也是资本主义生产关系在全球的扩张过程。沿着这一基本思路，当代马克思主义者对经济全球化性质的研究在不断深化和发展。各国马克思主义者对经济全球化性质的研究虽

---

① 杨金海、刘元琪：《国际知名学者谈面临全球化挑战的社会主义》，载《国外理论动态》2000 年第 10 期，第 2 页。

② 参见［美］大卫·M·科茨：《国家、全球化和资本主义的发展阶段》，载罗伯特·阿尔布里坦等主编：《资本主义的发展阶段——繁荣、危机和全球化》，经济科学出版社 2003 年版，第 119 页。

然更多地围绕着资本主义生产关系而展开，但是，从生产力视角所进行的研究也是不可忽视的。在新自由主义的主导下，当今世界经济的一个显著特征就是经济全球化与两极分化同行并进。经济全球化对世界各国生产力的发展产生了重大影响，因此有部分马克思主义者以经济全球化所造成的两极分化为视角分析了经济全球化的性质。埃及经济学家萨米尔·阿明明确提出，经济全球化的本质就是两极分化，即世界资本主义“体系的成员之间，产生日益扩大的不平等”。由于价值规律的全球化和市场的全球化，又由于货物和资本市场可以全球化，而劳动力市场不能全球化，因而必然导致世界的两极分化，“劳动力市场分割成许多板块的情况，必然使世界经济中的不平等状况恶化”。① 阿明把两极分化定义为资本主义世界扩张历史和理论的中心问题。他认为，从这个角度上看，边缘结构的建成和演变，以及它们相对于中心结构的特征，从一开始就显现出十分重要的意义。② 拉丁美洲的马克思主义者、古巴共产党中央委员会主席卡斯特罗也指出：“全球化是客观现实，它显示了在这个星球上我们都是同一条船上的乘客。然而，乘客们旅行的条件是极其不平等的”；“这种全球化是富国进行统治的工具，是加深各种不平等并使其永久化的因素，是发达国家之间为了控制现今和未来的市场而激烈竞争的舞台”。③ 日本马克思主义经济学家伊藤诚也指出，作为全球化的经济体制，以发达国家大企业为中心的财富的积累和第三世界各国庞大的贫困积累，作为世界规模上的两极分化和无产阶级贫困化的理论，再现了《共产党宣言》的两极分化论的正确性。④

在分析了全球化趋势与新自由主义和两极分化之间的相关性的基础

① ［埃及］萨米尔·阿明：《资本主义、帝国主义、全球主义》，载罗纳德·H·奇尔科特主编《批判的范式：帝国主义政治经济学》，社会科学文献出版社2001年版，第213－214页。

② 参见［埃及］萨米尔·阿明：《资本主义的危机》，社会科学文献出版社2003年版，第195页。

③ 徐世澄：《卡斯特罗论全球化与发展中国家》，载《国外理论动态》2003年第12期，第23页。

④ ［日］伊藤诚：《现代世界和〈共产党宣言〉》，载俞可平主编：《全球化时代的“马克思主义”》，中央编译出版社1998年版，第159页。

上，各国马克思主义者预测了全球化的性质向社会主义发生转变的可能性。卡斯特罗指出，当今全球化的世界是一个由新自由主义全球化的思想、标准和原则统治着的世界。他强调，古巴不反对全球化，也不可能反对，因为这是历史规律；古巴所反对的是新自由主义全球化。卡斯特罗认为，全球化本来会使各国人民更加紧密地进行交流和联系，但新自由主义的全球化是对第三世界最可耻的再殖民化。因此，卡斯特罗认为，世界上既有新自由主义的全球化，也有互相声援的、主张社会主义和共产主义的全球化。卡斯特罗主张，第三世界各国应该用互相声援的全球化来应对新自由主义的全球化。日本马克思主义经济学家伊藤诚指出，自由主义和全球化是资本主义的基本意识形态和趋势。由于新自由主义所倡导的资本主义全球化导致了人们经济生活条件十分恶劣，因此社会主义运动一定可以在第三世界国家重新得到加强。通过跨国反全球化运动和其他的反制度运动，以及许多第三世界国家对美国帝国主义行径的斗争，使得社会主义目前正重新获得越来越多的机会。为了理解新自由主义和当代资本主义全球化的历史性质以及为劳动人民创造更多的选择，应当增强马克思主义经济学家国际合作的作用。①

二、对资本主义社会发展规律的研究从一国拓展到全球

资本主义经济全球化的发展、第三世界各国日益深刻和严重的贫困和饥饿问题、发达国家再次出现经济生活的不稳定和不平等扩大等等，这些现象说明《共产党宣言》对于全球资本主义的认识、对于现代世界的诸多方面仍具有现实的实用性。但是，《共产党宣言》中的论述并不构成经济全球化的根本特征。对经济全球化的理解，既不可能脱离跨国公司发展的基本事实，也不可能脱离垄断资本国际化的基本事实。这两个基本事实是在20世纪80年代才逐步形成的。因此，经济全球化是最近20年来世界经济关系发展的现实。随着经济全球化的发展，世界资本

---

① 参见丁晓钦：《经济全球化与现代马克思主义经济学——“世界政治经济学学会首届论坛”综述》，载《经济经纬》2006年第5期，第10页。

主义体系出现了那些新特征？资本主义社会的发展规律是否发生了新变化？各国马克思主义者对这些在全球化背景下出现的新问题进行了探讨，将马克思对资本主义社会发展规律的研究从一国拓展到全球。

当代地理学中新马克思主义的重要代表人物大卫·哈维提出了“资本主义的空间转移理论”，在经济全球化的大背景下探讨了资本积累和阶级斗争的空间维度，考察了资产阶级用以缓解资本主义内部矛盾的空间转移理论。哈维指出，资本积累一直是一个意义深远的地理问题，若没有内在于地理扩张、空间重组和非均衡地理发展的可能性，资本主义在很久以前就不再发挥政治经济体系的功能了。哈维认为，把不同的领土和社会结构非均衡地嵌入资本主义世界市场、不断地寻求解决资本主义内在矛盾的“空间转移”，这两个进程已经创建了资本积累的全球历史地理学。哈维进一步指出，地理扩张力量存在某种极限，它不可能无限期地永远扩展下去。随着资本主义的生产关系和阶级关系在日益扩张的地理空间上的再生产，国内资本主义矛盾和社会主义革命的活动领域同样也将在地理空间上日益扩张，阶级斗争就变成了全球性的。

如果说大卫·哈维主要从空间维度考察了世界资本主义体系的发展，那么美国垄断资本学派则更注重从实质上分析资本主义基本规律与内在矛盾在全球的扩展。他们指出，经济行为的全球化与资本主义经济危机的全球化之间有着密切的联系。越来越活跃的跨国经济活动并不意味着资本主义体系的运动规律被免除了，也并不表示资本主义的内在矛盾已经被超越了。相反，资本主义体系越是全球化，出现全球性危机的威胁就越大。各国马克思主义者普遍认为，在经济全球化把资本主义生产方式扩展到全球范围的同时，当代资本主义的基本矛盾也经历了“全球化”的过程。资本的全球流动不仅加深了发达国家与发展中国家的矛盾，而且也加剧了发达资本主义国家之间的竞争，国际垄断资本必然向世界各个角落渗透以获取高额利润。

随着冷战的结束、经济全球化的发展以及社会主义国家的市场经济实践的不断推进，对于全球资本主义尤其是新自由主义与新帝国主义的分析批判以及社会主义模式的分析解剖构成了国外马克思主义经济理论研究的主要框架与争论主线。目前国外大部分马克思主义经济学家们仍然坚信：社会主义是可行的，是垄断资本主义发展的必然趋势。不过，他们一般不主张通过革命的手段去推翻资本主义，而是致力于提供一整套加强经济平等和社会公正的计划来改造资本主义社会。

三、对经济全球化的发展趋势和全球社会形态的研究

马克思从未提出过彻底全球化了的资本主义是否还有生命力的问题。其原因在于，马克思预计资本主义早在达到其发展空间的极限之前就已经被另一种制度推翻并取代了。伊曼纽尔·沃勒斯坦的“世界体系”理论则试图对此作出回答。沃勒斯坦的世界体系结构分析不仅探讨了世界资本主义体系，而且探讨了世界社会主义体系，探讨了资本主义世界体系和社会主义世界体系的关系，拓宽了理论研究的视野。在沃勒斯坦看来，“反体系运动”的世界革命道路是边缘国家发展自身的最好运动。“反体系运动”的目标是将世界资本主义体系转变为社会主义世界体系，它能够集中克服现存世界资本主义体系中的某种弊端。沃勒斯坦指出，“反体系运动”将成为民族解放运动和社会主义运动的发展趋势。

关于经济全球化的发展趋势与全球社会形态，来自加拿大魁北克大学的波雷什·查特巴什亚教授作出了更为明确的结论，即“没有对立就没有进步”。他认为，资本在全球的扩张即资本的全球化，在把资本主义生产方式推进到全世界的同时，也创造了自我否定的主客观条件，从而为新社会做了准备。查特巴什亚指出，正是资本在全球的自由流动，使经济规律在世界范围自由地起作用，在周期性的生产过剩的危机中达到顶峰，并导致资本家和生产者大众极端地对抗，加速了社会革命化进程。查特巴什亚强调，异化作为一个历史过程，在世界市场发现了它最残忍的表达方式并达到了其顶点。通过这个过程，资本通过把劳动在世界范围变成社会劳动，通过社会生产力的普遍发展，准确地说是通过全球化过程的传播，创造出了生产的物质条件，仅此就能建立较高的社会结构

的真正基础，其基本的原则就是每个人的自由发展。①

如果说沃勒斯坦和查特巴什亚的研究还停留在对经济全球化中两制关系的探讨，那么哈贝马斯的“世界公民社会”理论则试图为全球化的发展所带来的世界社会形态的变化描绘一幅更为具体的蓝图。哈贝马斯认为，经济全球化的发展已经使得人类开始超越民族和国家的界限，逐步走向一个“世界公民社会”。依照哈贝马斯的设想，在未来的“世界公民社会”中，无暴力的共同生活将使个人的自我实现和自主成为可能。这种自主建筑在团结和正义之上，宽容和相互理解成为人们的思维和行为的根本动机。而宽容，便是在不放弃现代世界在文化、社会和经济方面存在差异的情况下，寻找合理的生活形式、真正的自主与和平的共处，即在一种共同性中自由地、真诚地生活。

各国马克思主义者对经济全球化的研究反映了时代发展的特征，为马克思主义研究开拓了新的领域。从中我们可以清楚地看到，马克思主义这一科学的思想体系始终是在与时代、科学和实践发展的紧密联系中不断发展的。正是在不断顺应时代潮流、应对时代挑战和破解时代课题的过程中，马克思主义理论不断实现了新的突破，从马克思主义对经济全球化进行研究的过程中尤其可以看出马克思主义与时俱进的理论品质。

第三节　垄断金融资本时代的世界经济格局

历次重大金融危机爆发后，世界各国的货币制度、汇率体系、国际贸易、分工格局都会发生巨大变化，从而改变了世界经济格局。1929 年世界经济大萧条后，以美国为首的发达经济体建立了新的国际经济与金融体系，调整了各国经济的相对地位；1992 年欧洲货币体系危机推动了欧元区和欧元的诞生，改变了世界货币体系；1997 年亚洲金融危机加快了东盟区域经济的一体化，形成了区域内不同发展阶段新兴工业经济体

① 参见康瑞华编写：《资本全球化的否定之辩证法》，载《国外理论动态》2002 年第 4 期，第 29 页。

共同发展的格局；2008 年全球金融危机打破了美国主导的经济全球化进程，新兴市场国家在国际经济中的话语权增大；2010 年欧债危机非但没有让欧元和欧盟解体，反而会加速“欧洲合众国”的诞生和兴起。欧美经济的低迷，新兴市场国家的兴起，加剧了国际分工和国际间的贸易摩擦问题。金融危机使得世界经济格局处于动态转换之中，表现为世界经济结构调整加快、全球经济治理机制发生深刻变革、科技创新孕育产业转型和升级、发展中国家特别是新兴市场国家整体实力步入上升期、世界多极化获得深入发展等等。总的来看，当前的世界经济仍然是由西方主导，发展的不平衡和贫富分化仍然在继续发展，但经过发展不平衡规律的作用和国际金融危机的冲击，发展中大国在世界经济中的地位已经达到了新的高度。短期内这种格局不会发生根本性变化。世界经济格局由“量变”走向“质变”将是一个复杂而漫长的过程。

一、当前的世界经济仍然是由西方主导的

2008 年金融危机的发生使得经济全球化的势头受到了严重的打击，导致美元地位下降。“建立世界新秩序”的呼声日益高涨，引起大家对“华盛顿共识”的审视。以“放松管制”为核心的“华盛顿共识”，曾经成为发达国家对发展中国家施加压力的最厉害的工具。危机的爆发使得全球经济从繁荣急剧转入危机和衰退。2008 年美国次贷风暴引发全球金融危机，使全球经济陷入二战以来最严重的衰退，美国 2009 年第二季度经济衰退 3.8%，失业率达 10%，同年日本经济更是衰退 5.4%，为所有发达国家之最；欧元区同样未能幸免。[①] 受金融危机影响，2009 年全球贸易量减少了 12.2%，是 70 年来下滑幅度最大的一次。危机中发达国家贸易下降尤为显著，与 2008 年的水平相比，2009 年美国的出口缩减了 17.9%，进口缩减了 25.9%。相比之下，新兴和未来市场作用显著上升。1985 年，发展中国家占美国出口总额的 32.8%，占进口总额的 34.5%。

---

① 参见刘洪钟、杨攻研：《新兴经济体的崛起与世界经济格局的变革》，载《经济学家》2012 年第 1 期，第 82 页。

到2009年，发展中国家占美国出口总额的51.6%，占美国进口总额的59.8%。2008年的数据显示，发达国家吸收外资的总量下降了29%，跌破1万亿美元的水平，为9620亿美元；发达国家跨国并购额巨降39%，欧洲的跨国并购甚至下跌了56%；10亿美元以上超大规模跨国并购交易的数量和金额分别下降21%和31%，2009年上半年的超大规模跨国并购交易量仅40起，甚至不到2008年同期数据的1/3。传统吸收外国直接投资大国，如英国、法国、德国、意大利、荷兰的外资流入量大幅下降，均超过三成。①

虽然金融危机对发达国家的经济发展造成严重的直接打击，但是当前的世界经济仍然是由西方主导的，这一格局在短期内不会发生根本性变化。金融危机并不意味着美国世界头号强国的地位及其对现行国际经济政治秩序的主导作用发生了颠覆性的改变。世界银行的统计数据显示，2008年金融危机后美国仍然以超过14亿美元的GDP稳居世界第一，作为超级大国，近几年美国GDP占世界GDP总额的比重仍占绝对优势。2013年国际统计数据显示，进入21世纪，美国的货物进出口贸易总额领先于其他国家，2008年金融危机后仍然如此。自2000年以来，在服务贸易进出口总额排名中，美国一直占据着第一的宝座。在对外直接投资中，联合国贸发会议FDI数据库资料显示，流入发达经济体的FDI在2008年金融危机大幅下滑之后有回升态势，在经历了2012年欧元区经济危机之后也呈缓慢上升趋势，且预计在2016年会占全球总量的52%。值得注意的是，2011—2013年发达经济体的FDI流出量与发展中经济体的差距有所减小，但前者仍一直高于后者。② 在后布雷顿森林时代，外国投资者持有的美国政府债务成了美国财政部的金融外交工具，美国构造了美元债务循环体系，并利用对外贷款不断巩固并强化着其金融霸权地位。美国政府对外负债占政府公共债务和占GDP的比例在20世纪后十年至今

---

① 参见金芳：《金融危机后的世界经济格局变化及其对美国经济的影响》，载《世界经济研究》2010年第10期，第6页。

② 以上数据来自于联合国贸易和发展会议数据中心，转引自中国经济网。

都在稳步上升。①

全球化使得资本逻辑的全球扩张拉开序幕，资本改造世界的力量开始展现，但资本主义发达国家始终是具有支配性和主导性的幕后力量。美国利用超经济手段来实现资本积累，为了解决其难以克服的资本过剩危机，利用军事手段对伊拉克实行超经济的剥削。西方国家公开利用政治的、军事的力量建立殖民地，通过不平等交换或者剥削性积累来剥夺其他非资本主义国家和地区以满足本国利益。根据世界银行网站上的数据，笔者选取了不同年份排名前 15 的国家（简称最富国）和排名后 15 的国家（简称最穷国），分别计算了他们的人均国内生产总值（GDP）的平均值和按购买力平价（PPP）衡量的人均国民总收入（CNI）的平均值，得到表 1 与表 2。由此表可以看出，1993—2013 年的二十年间，最富国与最穷国人均产出和人均收入绝对值大体上呈现逐步上升状态，但二者的差值和倍数差距仍然居高不下，事实上发展中国家的经济增长依然是不平衡的增长，对于广大发展中国家来说，绝对数量上的经济增长未能使这些国家摆脱相对贫困的困境。

表 1　最富国与最穷国人均 GDP 对比（货币单位：美元）

年份	最富国	最穷国	差值	倍数
1993	34330	171	34159	201
2003	50963	207	50757	246
2009	72784	391	72393	186
2010	68228	404	67824	169
2011	76671	443	76228	173
2012	68979	468	68511	148
2013	68882	476	68406	145

① 转引自付争：《对外负债在美国金融霸权维系中的作用》，吉林大学 2013 年博士论文。

表 2　最富国与最穷国人均 GNI 对比（货币单位：美元）

年份	最富国	最穷国	差值	倍数
1993	29841	567.3	29273	53
2003	45309	693	44616	65
2009	59971	915	59055	66
2010	61106	977	60129	63
2011	64776	1034	63742	63
2012	64551	1076	63475	60
2013	57400	999	56401	57

数据来源：世界银行数据库 http：//data. worldbank. org

第二次世界大战之后的历史表明，所谓的全球经济一体化并不仅仅是资本自发运动的产物，它是在美国国家政权所建立的全球军事政治框架内，在美国国家政权的规划、建构和维系之下逐渐成长起来的一个全球资本主义经济体系。

二、新兴经济体的崛起

在世界经济逆境中，新兴和发展中国家的经济增速高于发达国家，这一趋势还将继续。

根据国际货币基金组织（IMF）2009 年 10 月的报告统计，在 2008 年金融危机冲击下，美国经济在 2009 年萎缩 2.7%，欧元区经济萎缩 4.2%，日本经济负增长 5.3%，而中国和印度的经济增长率分别高达 8.7%和 5.4%。“金砖四国”中国、俄罗斯、巴西、印度的 GDP 已从 2008 年分别占美国 GDP 的 22.7%、8.1%、8.6%和 8.2%升至 2009 年 10 月的 25.6%、8.3%、9.6%和 8.9%。2013 年，世界经济体 GDP 前 20 位排名中，发达经济体共计 11 个，新兴经济体共计 9 个。“金砖四国”GDP 排名比 2007 年均有所提升，四国中已有中国、巴西、印度三个国家进入了世界前十大经济体的行列。根据世界银行网站上数据显示，可以看出，2010年至2013年，中、巴西、俄、印、南非这金砖五国的GDP增长率总体说来普遍要高于美、德、日、法、英等发达国家（见表3）。

表3　部分国家近年GDP增长率

	2010	2011	2012	2013
美国	2.5	1.6	2.3	2.2
德国	4.4	3.6	0.4	0.1
日本	4.7	-0.5	1.8	1.6
法国	2	2.1	0.3	0.3
英国	1.9	1.6	0.7	1.7
中国	10.4	9.3	7.7	7.7
巴西	7.5	2.7	1	2.5
俄罗斯	4.5	4.3	3.4	1.3
印度	10.3	6.6	4.7	5
南非	3.1	3.6	2.5	1.9

数据来源：世界银行数据库 http：//data.worldbank.org

自上世纪90年代以来，以“金砖五国”（中国、巴西、俄罗斯、印度、南非）为代表的发展中大国由于经济增长的速度普遍高于西方发达国家，经过20年的发展，在世界经济中的重要性已经达到了一个新的高度。主要反映在三个方面：其一是发展中大国在世界经济总量中所占比重和人均GDP日益上升；其二是发展中大国在要素国际流动中的重要性日益上升。其三是发展中国家在世界经济中的发言权达到了一个新的高度。① 尽管发达国家仍把持全球治理主导权，却也担心传统多边协调机制因新兴大国另辟平台而被边缘化，比如新兴经济体依靠强大的外汇储备，不再向IMF求助；发展中国家之间探索出多种对外援助和捐款机制，

① 参见陈江生、庞博、邱丁：《当前的世界经济格局及其前瞻》，载《中共中央党校学报》2013年第4期，第69页。

削弱了世界银行的传统角色；一些国家转向缔结双边或区域投资贸易协定，不再热衷于加入 WTO。金融危机后，面对全球经济主体多元化的发展格局，发达国家主导倾向遭遇到了严峻挑战。例如，在危机中诞生的 G20 实际上已取代 G7、G8，成为国际社会讨论世界经济问题的主要论坛和全球经济治理的主要平台，有可能发展为未来世界多极化结构的主要载体。

新兴市场国家的鲜明特点就是经济发展正在步入上升期。国际金融危机后新兴市场国家经济率先复苏，发达国家和新兴市场国家经济增长率的对比表明国际经济力量正在调整和转移，新兴市场国家力量正在步入上升期，将在一段时间内成为全球经济增长的重要动力和源泉。新兴市场国家的崛起，不仅从经济总量上而且更重要的是从制度结构上对于世界经济格局产生了实质性的影响。新兴市场国家的群体性崛起正在改变经济要素流动和经济存量的历史格局，给世界经济的发展和全球化的深入推进注入活力。新兴市场国家在未来发展中，需要探讨如何与发达国家以及由其掌控的全球经济体系形成良性互动，以争取更多的话语权和更大的影响力。①

三、金融全球化与新帝国主义

金融垄断资本全球化是以经济全球化为基础、以金融垄断资本要素为主导的全球化。金融垄断资本全球化是在经济全球化基础上形成发展的，它既是经济全球化发展的必然结果，也是经济全球化达到最高程度的集中体现，金融全球化强化了垄断寡头的地位。资本主义一向以真正在贯彻竞争原则而自我标榜，但实际上资本主义不是在鼓励竞争而是在压制竞争，资本主义取得发展的秘密不是竞争而是垄断。20 世纪 90 年代，世界 500 强企业在全球收入中所占的份额经历了迅速的增长。2004

---

① 参见杨秀萍、马云泽：《后危机时期世界经济格局的动态转换》，载《南京审计学院学报》2011 年第 4 期，第 4 页。

年至2008年，这一数据保持在40%左右。① 世界体系分析学派的重要代表人物伊曼纽尔·沃勒斯坦（Immanuel Wallerstein）指出，无论是考察资本主义的历史，还是观察资本主义的现状，都清楚地显示出资本主义的关键因素并非是市场经济而是垄断；控制市场的垄断是资本主义制度的本质所在，资本主义按其本性来说不是市场的推进者，而是市场的敌人。在资本主义社会，控制垄断的人一直是强有力的和最大的资本积累者，积累大量资本的能力依赖于创造垄断的能力，而资本的积累和集中又反过来进一步加强了垄断。垄断支撑着繁荣，也破坏着繁荣。

一切垄断都是以政治为基础，因此国家是资本主义制度中的基本元素，而国家干预的直接受益者无疑是垄断资产阶级。罗斯福新政通常被看作大萧条终点到来的标志。的确，它代表着政府政策的一个重要转向。它事实上承认，如果没有系统的国家干预，垄断阶段的资本主义已经无法解决自身的问题。尽管资本主义经济已经金融化，但给予金融体系以信心的“最后贷款人”职责仍然是国家承担的首要责任。“最后贷款人”要在危机期间为金融体系提供流动性，要为金融机构直接注入资本，或者在必要的时候直接对其进行国有化。

“新帝国主义”或“新帝国”论被视为一种应对冷战后新的国际关系和世界格局的政治思潮，是全球化加快推进、世界格局剧烈变动的产物，是帝国主义演变的新形式和新阶段。② 从新帝国主义产生的动因看，它是全球化条件下资本在世界扩张的反映。西方发达国家通过资本输出，剥削和控制落后国家，使世界范围内贫富差距越来越大。这不仅造成了发展中国家的贫穷与动荡，也使发达国家争夺资本增值场所的斗争越来越激烈，从而加剧了国际矛盾，产生各种冲突。以国家垄断金融资本为主导的世界积累制度加强了资本主义的国际剥削。在垄断金融资本主义条件下，金融资产占有的不平等，资本市场大量投机行为的扩大效应，

---

① 参见 John Bellamy Foster and Robert W. McCheney. *The Endless Crisis*. Monthly Review. May 2012. pp. 1 – 28.

② 参见罗文东、易艳华：《欧美“新帝国主义”剖析与批判》，载《国外社会科学》2012年第5期，第62页。

不仅增加了一国范围内的不平等，也是产生新的国际不平等的根源。美国依靠其在国际金融体系中的支配权来支撑其经济。美国享受着征收铸币税的特权，而后果则由全世界来承担。由于美元和发达国家货币的优势地位，国际投资领域形成了有利于发达国家的格局。以美元为主导的国际金融体系迫使除美国以外的所有国家不断增加外汇储备。这种外汇储备很大部分投资于美国国债，它刺激了美国的过度消费，繁荣了美国经济。由于日本、中国和韩国等向美国出口产品，目前这些国家的银行存款已经在以美国财政部发行的债券的形式增长。这就为这些银行向美国资本所有者和消费者贷款提供了基础，也为美国的跨国公司进行国外投资提供了基础。全球化有助于推动美国经济的发展，并使利润率保持稳定。国际货币基金组织的目标是向国外扩展美国的金融力量，以及将其他的新自由主义实践强加于世界上的绝大多数国家。美国将“美国式”的开放市场准入作为向贫穷国家进行国际援助的前提条件。作为接受援助的回报，这些国家必须采取与美国一致的制度安排，由此而被迫将自己置于垄断资本所拥有的超级力量的摆布之下。

空间中的垄断性竞争带来了非对称性交换，发达国家利用金融全球化加大了对发展中国家的剥削。在第二次世界大战以前，资本的国际化还主要体现在商品的国际贸易上，资本输出也是以借贷资本为主，直接投资的比重并不大。在这种情况下，通过不等价交换和贷款利息等形式，发达国家的资本已占有了不发达国家的一部分经济剩余。二战之后，跨国公司不断壮大，直接投资的重要性日益增长，这为发达国家在战后黄金时期的经济繁荣提供了廉价的原料供应，而且也以投资利润的形式攫取了发展中国家相当一部分的经济剩余。20 世纪 60 年代美国公司利润的 6% 来自国外。到了 20 世纪 90 年代，这一数据上升到 15%，而在 21 世纪的头十年这一数据为 21%。[①]

金融垄断资本主义阶段金融资本的作用是双重的，即金融垄断资本的发展、市场交易的增大加速了资本周转、流动，在一定程度上促进了

---

① 参见 John Bellamy Foster and Robert W. McCheney. *The Endless Crisis*. Monthly Review. May. 2012. pp. 1 –28.

经济的发展，为资本主义开拓了新的发展空间；同时，由于严重脱离了贸易，脱离生产的发展，脱离实体经济而独立运转，必然孕育并积累着新的矛盾。萨米尔·阿明（Samir Amin）指出，当前金融全球化的主导力量是“寡头垄断资本主义”的帝国主义，金融寡头垄断现已构成其总部，得到了来自政府力量和主要为其利益服务的所谓的国际经济组织（如世界银行和国际货币基金组织）的支持。这一体系现在允许边缘国家一定程度的工业化，但继续主宰着对外汇交易、金融、技术、通讯、战略性自然资源以及军事力量的垄断权。新自由主义金融化时代与第三世界的债务危机联系紧密，它试图在不发达经济体系中制造出一种新的“金融结构”，从而形成新的金融依赖。现在新兴经济国家是大量美元的持有者，然而美国经济却在它们的控制范围之外并且继续决定一切，增强了新兴国家在带来剩余的对外出口、对外发售上对其的依赖。发达国家将最贫穷的国家拉入资本循环体系，使其成为剩余资本的“接收器”，很多国家都由此陷入了“债务陷阱”。那些接收国将不得不因资本贬值而付出代价，而那些债权国则会避免资本贬值的损害。于是，债权国所造成的金融危机的恶果在一定程度上由接收国承担。金融危机成了输出局部性和区域性资本贬值和资本耗损的行为。从地缘政治上讲，西方发达国家已经没有殖民地，但是借助于金融资本的输出和扩张形成了没有殖民地的殖民主义，这是造成新帝国主义战争的根源。

第五章　马克思主义的当代境遇

马克思主义是一个逻辑整体，在这个整体中虽然包含着不同的组成部分，但是不同的部分之间存在内在的、必然的联系，由于这种联系而使得它们构成一个不可分割的系统。我们可以把马克思的学说定位为一种社会发展学说，马克思的社会发展理论体现了理想与科学的统一，人格、理想和行为规则共同构成的理论体系可以称之为理想学说。在马克思这里，人类、共产主义和无产阶级革命理论，共同构成了他的理想学说。马克思学说当中的科学体系主要包括：一个部分是他的唯物主义历史观，也就是关于人、社会和历史的一般的或哲学的理论体系，界定为历史哲学；另一个部分是他考察现实资本主义经济制度的政治经济学学说，为了表示它对理想学说的论证功能，把它界定为现实的批判学说。在马克思学说的构成中，理想主导着科学，科学是理想的论证手段；而在理想学说中，理想又处于中心的位置，理想既体现着所代表人格的利益和意愿，又体现着行为规则所要达到的目的。

马克思的名字已经和历史上所有的思想巨匠连在一起，他的思想已构成人类文化精神的重要组成部分而影响着所有人，当今的人们不管承认与否，实际上都是马克思的文化遗产的享用者和继承者，跨入新的历史时期的人们，要想绕开马克思，独立地行走是完全不可能的。马克思主义是批判资本主义的象征。马克思主义为我们正确认识当代资本主义世界的现实和发展变化、正确引领当代社会主义发展提供了一个科学的理论工具。

第一节　马克思主义在当代的多样化发展

自从马克思主义产生之后，在其传播和演进的过程中形成了多种多样的马克思主义形态。怎样看待马克思主义一源多流或多样化发展的事实，已经成为正确对待马克思主义必须首先明确的问题。正视马克思主义多样化发展的现实，需要具备开放的视野和宽容的胸怀。马克思主义研究中的不同学派通过“百家争鸣”的方式来探求真理。马克思主义在当代呈现出多样化发展态势的同时，世界经济的融合与资本逻辑的全球化发展，也促进了东西方马克思主义研究者之间的交流，使得双方的研究语境与问题意识逐渐趋近。

一、当代中国的马克思主义研究

政治倡导和理论研究互为助力，使得马克思主义中国化成为当代中国马克思主义研究的主线。20 世纪 80 年代特别是 90 年代中后期以来，国内关于马克思主义中国化问题的研究日渐升温。马克思主义中国化的相关成果较为丰富的，主要体现在以下方面：第一，关于马克思主义中国化的基本问题的研究。学者们从不同学科领域或理论，如中共党史、科学社会主义、解释学、现代化理论等等，对马克思主义中国化的内涵、本质，发生发展的原因即马克思主义中国化的必然性与可能性、马克思主义中国化的主体、马克思主义中国化的历史经验和历史规律等问题进行了分析。第二，关于毛泽东思想、邓小平理论、“三个代表”重要思想和科学发展观等马克思主义中国化的具体理论成果的研究。对中国共产党的创新理论成果的总体性研究主要是论述中国化的马克思主义与经典马克思主义的一脉相承性、中国化的马克思主义在马克思主义发展史上的地位等。由于中国的实际情况在不断变化，理论主体对理论的认识也在不断变化，理论与实际相结合的方法在不断创新，所以马克思主义与中国世纪相结合的理论成果会更多地出现，这方面的研究也会继续下去。第三，在解读马克思的文本的基础上，运用马克思主义的立场、观点和方法来阐释和解决中国在社会主义建设和发展的实践过程中，特别是改革开放以来遇到的种种具体问题，例如中国经济社会的发展模式问题、如何缓解收入分配差距过大等社会矛盾、全球化背景下的金融安全问题以及社会转型时期的价值观整合等问题。第四，作为中国的主流意识形态，马克思主义在中国的传播和教育机制也是当代中国马克思主义研究关注的重要问题之一。早期马克思主义在中国的传播、高校大学生对马克思主义的态度等都是相关研究中的热点问题。党的十七大报告提出“开展中国特色社会主义理论体系宣传普及活动，推动当代中国马克思主义大众化”，马克思主义大众化问题由此引起理论界的高度重视，围绕着马克思主义的大众性、中国化与大众化的关系，大众化的内容、对象、路径、方法等问题进行了深入的研究。

马克思主义中国化的研究由于政治上的宣传和社会发展的需要等各种因素的影响，几乎形成了相关学术领域“全民参与”的局面，呈现出高规格、高密度、大规模的特点，研究具有“千人一面”的重复性。有学者在评价马克思主义中国化研究的现状时指出，马克思主义中国化的研究尽管吸引了众多学科的参与，研究者们也试图引入多种理论资源来研究这一问题，但翻阅相关的研究成果，可以发现仍有许多研究者似乎是把马克思主义尤其是中国化的马克思主义当成是一个自足的理论体系，语言、内容和思想表现出十足的“贫困性”。[①] 国内马克思主义中国化的相关文献可分为宣传性的和学术性的两类文章和论著，问题是：众多宣传性的文章说教气息浓厚、语言晦涩无味，学术性的文章还缺乏严谨细致的史料考证和理论支撑，许多著作仍然走的是摘录经典作家著作、党的文件中的只言片语去证明自己预设的观点、以论代史的路子。这样下去只可能使极力提倡“大众化”的马克思主义中国化研究只能局限在学

① 参见李建勇：《“马克思主义中国化”研究》，中央编译出版社 2013 年版，第 15 页。

术圈子里继续“小众化”下去。①

学科建设的支撑是推动当代中国马克思主义研究的重要力量之一。2005 年国务院学位委员会下发了《关于调整增设马克思主义理论一级学科及所属二级学科的通知》，原先的“马克思主义理论与思想政治教育”学科上升为马克思主义理论一级学科，在马克思主义理论一级学科之下形成了五个二级学科，即马克思主义基本原理、马克思主义发展史、马克思主义中国化研究、国外马克思主义研究和思想政治教育学科。2008 年 4 月，国务院学位委员会、教育部发出通知，决定在马克思主义理论一级学科之下再增设一个二级学科，即“中国近现代史基本问题研究”二级学科。至此，马克思主义理论一级学科有了它所属的六个二级学科。马克思主义理论一级学科的形成，突出了马克思主义基本原理和马克思主义科学体系的结合、马克思主义文本与当代现实的结合、马克思主义理论与发展着的马克思主义理论的结合、马克思主义理论与中国近现代革命与建设实践的结合，以及马克思主义理论研究与大学生思想政治教育的结合。

马克思主义理论一级学科所属的六个二级学科各有其研究重点。“马克思主义基本原理”学科的研究重点在于研究马克思主义主要经典著作和基本原理，从整体上研究和把握马克思主义科学体系。按照其逻辑层次和科学内容，大体上可划分为文献依据研究、理论体系研究、现实价值研究、思潮比较研究和理论教育研究这五个方面。“马克思主义发展史”学科的研究重点是开展马克思主义发展史重大问题的研究，加强马克思主义经典作家思想的研究，开展通史、专题史、阶段史、传播史等领域重大问题的研究。“马克思主义中国化研究”学科的重点是研究马克思主义中国化的历史进程、基本经验和基本规律，研究中国化的马克思主义，也就是马克思主义中国化的主要理论成果。“国外马克思主义研究”学科的研究重点是研究冷战结束后的国外马克思主义、国外无产阶级政党的马克思主义、俄罗斯的马克思主义、亚洲国家的马克思主义、

① 参见尹保云：《“马克思主义中国化”的学术定位》，载《科学社会主义》2002 年第 3 期，第 72 页。

社会主义国家的马克思主义。“中国近现代史基本问题研究”学科的研究重点是研究中国人民在中国近现代历史发展中选择马克思主义、中国共产党和社会主义，研究中国共产党领导中国人民进行革命、建设和改革的历史进程、历史规律和历史经验，研究中国共产党领导中国人民对社会主义革命和建设规律、共产党执政规律、社会发展规律的探索。“思想政治教育”学科的研究重点是研究思想政治教育学基础理论、思想政治教育应用、思想政治教育历史、思想政治教育比较、思想政治教育现实追踪等。① 尽管六个二级学科有着各自的研究重点，但它们作为马克思主义理论一级学科的构成内容在研究目标上具有一致性，即都是研究马克思主义理论及其运用，研究马克思主义基本原理及其形成和发展的历史，研究它在世界上的传播与发展，特别是研究马克思主义中国化的理论与实践，同时把马克思主义研究成果运用于马克思主义理论教育、思想政治教育和思想政治工作，将理论研究同解析历史进程、总结历史经验结合起来。

有学者这样定位当代中国马克思主义研究的时代课题：一是对文本、经典、思想史的研究，二是对整个当代世界及其理论表现的批判性研究，三是从社会现实的方面对当今中国之历史性实践的研究。② 还有学者指出，近三十多年来，马克思主义创新和研究的路径无外乎三种：“文本解读”“以西解马”“实践解读”。以中国化马克思主义为主题，以马克思主义中国化为主线，当代中国马克思主义研究取得一些成果，但也存在一些问题：一是学界对于当代中国马克思主义解释学倾向突出，注释、论证有余而学理、创新体系建构不足；历史溯源有余，规律探索不足；现实例证有余，科学论证不足；历史脉络有余，前瞻分析不足；缺乏分析工具的创新性和对时代问题的有效回答。二是研究取向缺乏“中国问题”意识。三是理论旨趣上工具价值特征凸显，突出强调理论和制度的

① 参见张雷声：《论马克思主义理论学科体系建构与建设》，载《学校党建与思想教育》2011 年第 8 期，第 8 页。

② 参见吴晓明：《马克思主义研究的时代课题与使命》，载《复旦学报》（社会科学版）2012 年第 5 期，第 1 页。

合理性及合法性，对人的尊严、人的自由发展重视不够，缺失人文关怀。四是在研究视野上，中国的马克思主义研究缺乏国际视域。五是研究思路缺乏系统性、整体性。①

二、西欧北美的马克思主义研究

自西方马克思主义产生至今，“如何克服物化”一直是其主题之一，然而，在消费社会中，“物化”不仅仍然是我们无法克服的存在困境，且愈加严重。西方马克思主义研究在当代出现了新的转向，对空间与生态问题的关注成为重要主题。欧美马克思主义的空间转向解释了物化在当代更为深刻的现实原因，回答了资本主义延续至今仍然势头未减的历史之问，而生态社会主义的提出则试图为我们找到可能的拯救途径。

以英国左翼学者大卫·哈维等人为代表的马克思主义经济地理学派，将空间思想注入马克思主义经济学说之中，重视劳动、资本积累、经济危机等问题与空间结构的形成与变化之间的关联，认为资本主义的资本积累危机的解决依赖于周期性的空间结构调整过程。哈维提出了“时间－空间修复”理论。这一理论的核心所关注的是资本主义内部的长期趋势，从理论上讲，它来源于对马克思关于利润率呈不断下降并导致过度积累危机的趋势这一理论的重新阐释。哈维的结论是，资本主义活动的地理学景观充满了矛盾与紧张，在面对各种各样的技术和经济压力的时候，这一地理学景观永远处于不稳定的状态。竞争与垄断、集中与分散、固定与变动、动力与惰性，以及各种不同范围的经济活动之间的紧张状态，无一例外地都产生于资本的无限积累在时间与空间中分子化过程之中。“资本主义永远试图在一段时间内，在一个地方建立一种地理学景观来便利其行为；而在另一段时间，资本主义又不得不将这一地理学景观破坏，并在另外一个地方建立一种完全不同的地理学景观，以此适应其追求资本无限积累的永恒渴求。因此，创造性破坏的历史被写入了资本

① 参见韩庆祥、李劲：《当代中国马克思主义研究的内生逻辑与基本路径》，载《北京行政学院学报》2012 年第 5 期，第 63 页。

积累真实的历史地理学景观之中”。①

20 世纪六七十年代，西方资本主义国家兴起大规模的绿色生态运动，批判和研究资本主义生态环境问题的现代生态学也随之引起人们的普遍关注。在此背景下，西方马克思主义者开始将目光转向资本主义的生态危机，并尝试通过各种方案将马克思主义与现代生态学结合起来以解决资本主义的生态危机。法兰克福学派批判了资本主义社会中人与自然的异化关系及生态危机的根源和危害性，并深刻地指出在资本主义条件下无法克服生态危机。莱斯、阿格尔吸收法兰克福学派将马克思主义与生态学结合起来，对资本主义的消费的异化、科学技术、生态和人的需要等问题进行了深刻的反思，并探讨了通过消灭异化消费、技术分散化等途径来实现生态社会主义的设想，创立了生态马克思主义。奥康纳通过强调历史唯物主义的自然维度批判了资本主义条件下自然的异化，克沃尔则通过揭露资本的反生态本性，提出了革命性的生态社会主义的概念。福斯特等人力图通过研读马克思的经典著作来着力建构生态马克思主义。他认为，马克思只分析了自由竞争阶段的生态问题的特点，无法分析垄断资本主义时期才开始出现的许多新的特点。福斯特指出，以经济增长和利润最大化为首要目标的资本主义生产方式是现代社会的“结构性的不道德”因素，由此引发的资本积累的无限扩大趋势是生态环境遭到肆意践踏和微观毒化的根本原因。生态马克思主义产生的初衷是试图探索一个既能消除经济危机又能实现社会主义的途径，但是他们过分夸大异化消费的社会政治作用，不切实际地主张技术使用和社会生产方面的分散化和非官僚化等等，对谁是社会变革的领导力量以及未来社会的制度设计者等方面的认识都存在明显的缺陷。

有学者将 20 世纪 80 年代以来西方马克思主义研究的中心议题归纳如下：社会正义问题、资本主义的矛盾和革命策略分析、全球化时代的

---

① ［美］大卫·哈维，初立忠、沈晓雷译：《新帝国主义》，社会科学文献出版社 2009 年版，第 83 页。

世界秩序以及关于生态环境问题的新思考。① 东欧剧变和当代资本主义的新变化在一定程度上冲击了人们对社会主义和共产主义的信念，这种冲击的效应在欧美的马克思主义的研究中也体现出来了：一些西方世界的马克思主义学者，由对其生产关系的直接批判，转向对其政治、道德领域的间接批判。英美分析的马克思主义研究开始转向道德哲学领域，对支撑资本主义体制的道德规范的虚伪性进行揭示、批判，并且在向道德哲学的转向中与法兰克福学派第三代、第四代的问题域与话语体系发生了某种程度上的重合。从总体上来说，他们都坚持马克思主义关于人类社会进步、自由、平等的基本精神和价值取向。但是，这些理论观点的特征之一是在强调政治民主的意义时，往往容易忽略基本的生产关系的制约作用。2008 年金融危机的发生又带来了马克思主义的复兴。每一次资本主义经济危机的发生都会引发马克思主义研究的热潮，对资本主义的反思和批判再度成为热门话题。

当前欧美马克思主义研究也遇到如何坚持和发展马克思主义的问题。面对当代资本主义发展出现的种种新情况，一些人因马克思主义基本原理不能直接拿来说明这些情况就对其采取弃而不用的态度，还有一些人则固守马克思主义的基本原理，因而无法对这些情况做出令人信服的解释和说明。能够提出问题，不能够解决问题，依然是当代西方左派激进理论存在的最大问题。

三、拉美国家的马克思主义研究

有学者指出，无论是从内容还是从风格上来看，北半球和南半球的马克思主义有着很大的不同，前者在时代境遇下从更加广泛的理论视野对马克思的批判理论进行研究和探讨，后者则侧重于马克思主义理论对

---

① 参见王晓升：《20 世纪 80 年代以来西方马克思主义研究的中心议题》，载《华中科技大学学报》（社会科学版）2011 年第 5 期，第 1－9 页。

现实社会的改造功能和马克思主义革命理论的实践功能。[①] 这一观点比较客观地概括了西欧北美的马克思主义研究与拉美国家马克思主义研究之间的区别。

拉美一直存在一个以马克思主义或社会主义为研究对象的左翼学者群体。随着近年来国际形势的变化，这些学者把相当多精力用于研究全球化和新自由主义的影响等重大的现实和理论问题。拉美左翼在肯定全球化本身是一种客观历史进程的同时指出，当今全球化的本质是西方发达资本主义国家主导的新自由主义全球化，它是制造拉美社会混乱的根源，因而不断尝试寻找一条替代发展道路。2003 年 6 月，当时的委内瑞拉总统查韦斯在巴拉圭的讲话中指出，新自由主义主张缩小国家的作用，表面看来是要使国家现代化，但是在现代化的背后则是要摧毁国家；在劳工制度灵活的背后是要压迫工人，是要向资本世界和自由市场提供一切有利条件。当今全球化的世界就是“一个由新自由主义全球化的思想、标准和原则统治着的世界”。卡斯特罗在庆祝古巴革命 45 周年大会的讲话中指出，为掠夺地球自然资源而强加给世界的新自由主义全球化，通过“华盛顿共识”使第三世界各国，特别是拉美各国的大多数人处于绝望和难以维持的局面。新自由主义和全球化是将拉美“引向第五地狱的黑暗指南”。

菲德尔·卡斯特罗等老一辈革命家是古巴社会主义制度的缔造者。他一直认为，任何改革都不能危及古巴的社会主义制度，不能危及共产党的领导，不能违背社会公正的原则，这是不能超越的底线。在社会主义建设中，卡斯特罗认为，社会主义就是为每个公民提供福利和幸福。在他看来，社会主义是人道的、团结互助的和友爱的制度；团结互助是革命的本体价值，追求的是正义和尊严，与唯利是图的观念格格不入。卡斯特罗坚定地认为，市场规律造成了人类最自私、最无情的制度，市场经济与社会主义格格不入，因而对市场经济持坚定拒绝的态度。在古巴经济改革的过程中，即使在非常困难的条件下，古巴也一直坚持为全

---

① 参见魏小萍：《国外马克思主义研究状况、趋势与新的端倪》，载《社会科学家》2014 年第 1 期，第 25 页。

民提供免费的教育、医疗服务。2006 年 7 月，因健康原因，菲德尔·卡斯特罗将国家最高权力移交给弟弟劳尔·卡斯特罗。2008 年 2 月劳尔·卡斯特罗当选为国务委员会主席和部长会议主席，古巴顺利实现了最高权力交接。在劳尔·卡斯特罗的倡导下，古巴国内展开了一场观念变革大讨论，主题涉及古巴社会主义模式以及各种现行政策，这是一场自上世纪 60 年代在切·格瓦拉和夏尔·贝特兰之间展开的“大辩论”之后、在古巴展开的面向新世纪以及新的时代所展开的新一轮大讨论，

查韦斯、莫拉莱斯、古铁雷斯、克雷亚、奥尔特加、巴切莱特、卢拉以及委内瑞拉、玻利维亚、厄瓜多尔、秘鲁、尼加拉瓜、智利、玻利维亚等国的各种社会主义模式及其存在的问题，受到了全面的关注与研究，其中最核心的问题是“拉美向左转”现象。“21 世纪社会主义”是拉美在变革新自由主义发展模式过程中产生的一种新社会运动，是用“另一个世界”“替代资本主义”的社会思潮的反映。“21 世纪社会主义”理论注重地区合作，具有浓厚的民众主义和民族主义色彩。

迪特里奇将“21 世纪社会主义”的特点概括为以下几点：“1. 建立在劳动价值论基础之上的、民主计划的政治经济，确立了按劳分配的原则和等价原则的有效性；价值核算和等价原则主要是废除生产资料（资本、货币、土地）私有制，以及根据经济形势来决定市场价格，这并不是一件容易的事。作为经济运营原则的价值和作为交换原则的等价，已经发展成为能使经济稳定的有效方法。2. 为了组织实现可持续的、民主的世界经济，21 世纪社会主义考虑了一些必要的事务，并且有一定的组织形式：(1) 社会财产；(2) 人人本着道德和法律的约束、平等地使用社会财产，因为这些财产是全人类的共有财产。3. 民主参与制与人类社会的四种主要关系：经济关系、政治关系、军事关系和文化关系；这个领域内的重大的公众决定将会通过电子投票的方式确定，而相对次要的决定就会通过具有代表性的政治机构解决。随即选择的具有代表性的政治机构，就成为稳定的政治代表，定能够建立起一个有序的世界。4. 科学的人类学模式不是建立在‘hombre nuevo’的理想主义概念基础之上的，而是建立在关于人类特性的科学知识基础之上的，而这些特性也就是人类自身的软件和硬件，无论从生物学角度还是从社会学角度而言。

5. 由大多数人掌管的政府当局，也即公共机关，在实践中并不由占优势的阶级的利益所决定。”①

马克思主义在拉美国家有着深厚的历史渊源。20 世纪 60 年代至 80 年代，依附问题是拉美国家马克思主义研究的重点。东欧剧变以后，拉美左翼逐渐崛起，他们对苏东社会主义建设进程中暴露出的弊端及东欧剧变进行了反思。在全球化的背景下，新自由主义改革导致一些拉美国家中的社会分化日益加剧，社会矛盾不断激化。作为对新自由主义的深刻反思，拉美左翼提出的“21 世纪社会主义”理论引人注目。近年来，拉美国家马克思主义研究体现出对本国发展的一种新思考和对未来发展道路的一种新探索。

四、原苏东地区的马克思主义研究

苏联解体后，俄罗斯全国性的马克思主义研究并没有销声匿迹。相反，一批坚定的马克思主义者，在总结苏联马克思主义研究经验教训的基础上，集结研究队伍，运用科学的方法，开展了对马克思主义的新研究。有学者指出，二十年来，俄罗斯马克思主义研究获得了两个重大的理论业绩：一是完成了当代俄罗斯马克思主义理论形态的重建；二是取得了举世瞩目的马克思主义研究理论成果。当前，活跃在俄罗斯马克思主义理论研究舞台上的三大派别：马克思主义的正统派、反思派和创新派，正在依托不同的研究组织，开展形式多样、内容多元的理论研究。上世纪九十年代开始，由俄罗斯马克思主义者主办的“国际马克思主义论坛”每两年举办一次，与此同时，以莫斯科大学为主的一批著名高校相继建立了马克思主义教学基地，增设了马克思主义史、马克思主义与当代俄罗斯经济、西方马克思主义、马克思主义与当代科学、马克思主义与政党实践、马克思主义伦理学、马克思《资本论》研究、马克思与

---

① ［德］海因茨·迪特里奇：《21 世纪社会主义在拉美和欧洲的发展》，载《海派经济学》2009 年第 25 辑，第 81 – 82 页。

列宁等课程，并开展了对普列汉诺夫、波格丹诺夫、托洛茨基的研究。[①]

在目前俄罗斯马克思主义仍处于低谷的境况下，一些资深的俄罗斯马克思主义哲学家，如奥伊泽尔曼、巴加图利亚、赵哈泽等，仍然在进行艰难的研究与探索，一些学者致力于阐明今日俄罗斯与马克思主义传统的内在联系。十月革命的原因以及苏联社会主义实践的经验教训，是俄罗斯马克思主义研究的永恒课题。为纪念十月革命90周年，2007年俄罗斯学界展开了对十月革命的反思，但其中表现出来的民粹主义、民族主义以及历史修正主义倾向值得关注。由巴加图利亚和赵哈泽重新编辑并出版了新版《共产党宣言》，收入了恩格斯的《共产主义信条》《共产主义原理》以及马恩合写的《共产党宣言》，还包括巴加图利亚本人对工人阶级、无产阶级专政、革命前景等概念或问题的反思与新解说。中东欧的马克思主义研究现状同样处于颓势。目前苏东地区马克思主义研究，大致集中于两个方面：一是对于马克思主义与社会主义传统的反思；二是马克思主义左翼思想对本地区社会转型问题的探讨。值得注意的是，近些年在东欧盛行的社会民主主义与马克思主义及社会主义传统之间存在着复杂的联系，这一联系特别值得从民粹主义、民族主义、公民社会及其近年来盛行于东欧的法团主义等多个方面进行探讨。

哲学家马列耶夫曾总结苏联哲学中两条不同的马克思主义哲学发展路线：一条是马克思（部分地也包括恩格斯）——列宁——卢卡奇——维果茨基——伊里因科夫；另一条是普列汉诺夫（实际上也包括恩格斯）——德波林——米丁——斯大林。而正统的苏联哲学，则是后一条路线的产物。有学者对苏联解体后奥伊则尔曼对马克思主义哲学的反思[②]、留布金和梅茹耶夫关于马克思哲学思想的研究[③]进行了深入分析。十月革命90周年俄共等左派政治力量举行了一定的纪念活动，但俄罗斯

---

① 参见李尚德：《当代俄罗斯马克思主义研究动态》，载《社会科学家》2013年第8期，第6页。

② 参见安启念：《苏联解体后奥伊则尔曼对马克思主义哲学的反思批评》，载《哲学动态》2009年第10期，第28－32页。

③ 参见安启念：《俄罗斯马克思主义研究的新突破》，载《学术月刊》2008年第9期，第37－41页。

学术界尤其是哲学界，却没有举行有关学术研讨活动，专门的哲学刊物例如《哲学问题》也没有发表与十月革命有关的论文。但是，在今天的俄罗斯，马克思主义哲学事实上依然存在并起着重要作用，它主要存在于高校使用的各种哲学教材中。这些教材没有使用马克思主义哲学或者辩证唯物主义历史唯物主义这些概念，但是教材的编写者都是在苏联时期接受哲学教育的，教材的基本观点带有明显的马克思主义哲学的特点。①

苏联模式是在20世纪30年代形成的，20世纪70年代以后它的弊病就逐渐暴露出来。到20世纪80年代初即勃列日涅夫去世前夕，苏联经济陷入困境，客观的形势强烈要求对苏联模式进行新一轮的改革，改革已成为一股历史潮流。1983年，“西伯利亚改革学派”代表人物阿甘别吉杨在其主编的杂志《艾柯》上刊登了利别尔曼逝世前写的最后一篇文章，并刊登了悼念利别尔曼的短文，对利别尔曼的理论做出了很高的评价。这预示着一场新的改革思潮在苏联出现。东欧剧变之后，原苏东地区马克思主义经济学研究大致集中于两个方面：一是对于马克思主义与社会主义经济传统的反思；二是左翼思想对本地区社会经济转型问题的探讨，对斯大林经济模式的批判性反思仍然是研究重点。在东欧，这一研究在很大程度上激活了自治社会主义传统，并出现了“新社会主义”运动。

莫斯科大学经济系教授A·B·布兹加林是当代俄罗斯著名的左翼运动组织者和协调人。“新马克思主义”理论是布兹加林和科尔加诺夫在一些著作中提出来的。2004年10月，布兹加林在《自由思想——21世纪》杂志编辑部举行的“文化领域中的马克思主义”圆桌会议上专门介绍了这一学派的主要观点。布兹加林说，俄国“新马克思主义”的特点是批判地继承了经典马克思主义的成果，反对对马克思主义的教条主义解释，主张与其他社会经济学派进行坦诚对话，强调当今是社会生活的基础本身发生了质的变化的全球化时代；把当代经济看作是资本发展的

① 参见安启念：《2007年俄罗斯马克思主义哲学研究（节选）》，载《国外马克思主义与当代中国——第三届国外马克思主义论坛会议论文集》，2008年5月。

新质——它的全球霸权，主张辩证地对待“现实社会主义”的经验。

俄罗斯新马克思主义者认为，全球化不仅是各国和经济日益加强的相互联系，也是资本主义的新质。其实质在于，经济、政治乃至于精神生活的统治权转移给了“全球游戏人”（跨国公司；超国家的跨国机构以及军事政治全球化机构；一些民族国家如美国和其他八国集团的国家直接操纵跨国公司、北约、WTO、IMF 等），他们有能力直接或间接地对民族国家、经济、社会、政治和文化生活甚至国际组织施加自己的影响。由那些全球游戏人制定游戏规则的全球化是极不平等的进程，极端贫困世界不断再生产出来，越来越远离全球化的中心。新马克思主义者并不批判技术、经济、文化和人民的一体化进程，他们批判的是这一进程的社会形式——全球资本的霸权和统治。新马克思主义认为，当今世界全球游戏人统治的反面是更民主以及社会和环保取向的一体化模式。这是以公民利益为取向的经济和社会的道路。①

20 世纪 90 年代到 21 世纪初，俄罗斯出版了不少有关“新社会主义”的著作，如鲍·库拉什维利的《俄罗斯往何处去?》和《新社会主义：灾难后的复兴》，柳·瓦尔塔扎罗娃的《走向 21 世纪：论新社会主义问题》，尤·彼得罗夫的《新社会主义：现实与思想》等。在这些学者中，影响最大的还是鲍·斯拉文，他撰写了《社会主义之后》《关于社会主义的对话》和《社会主义与俄罗斯》等多部著作。市场和自治是新社会主义的两个基础，社会主义制度下的市场是“社会主义市场”，但不同于畸形的资本主义市场。自治首先是生产上的自治。新社会主义应实行对生产成果的完全所有权的原则，而工资将通过自治方式比通过官僚控制方式更加公平地进行分配。彼得罗夫认为，新社会主义就是市场社会主义、生态社会主义和自治社会主义。斯拉文指出，新社会主义的经济基础应是能够创造出比资本主义更高生产率和更多劳动刺激的所有制形式，能够克服劳动者同生产资料和企业管理方式的异化，把个人利益和社会利益有机结合起来。“新社会主义”是俄罗斯左翼学者在思

---

① 参见林艳梅：《俄罗斯马克思主义研究的当代走向——布兹加林思想评析》，载《中共中央党校学报》2010 年第 4 期，第 35 页。

考苏联社会主义成败得失的历史经验以及世界资本主义和社会主义发展的新成果的基础上，对全球化条件下俄罗斯采取何种发展道路的探索，其特点是在承认苏联时期社会主义的建设成就的同时批判各种背离社会主义原则的消极现象，在此基础上主张将资本主义和社会主义的优点结合起来。①

20 世纪 80 年代末 90 年代初，东欧八个社会主义国家相继发生政治剧变，并自此走上了以建立并巩固多党制为基础的议会民主制、确立并完善私有制为基础的市场经济体制、融入欧洲一体化为转型目标的综合性历史进程。东欧近 20 年来社会主义理论的发展明显地带有社会转型的色彩。面对社会宏观环境的巨大变迁，各国的社会主义者必须提出在新形势开展社会主义运动的新方案。由于他们对社会主义的内涵、实现社会主义的方式以及对过去的社会主义实践等方面的不同诠释，东欧的社会主义思潮出现了民主社会主义和共产主义两大类。

第二节　马克思主义在当代面临的困境和挑战

东欧剧变使得全球社会主义运动受到重创，也在一定程度上为马克思主义在当代的发展设置了障碍。一些人开始借用苏东社会主义的失败来否定马克思主义的当代价值。然而问题的本质在于，贯穿于苏共亡党、苏联解体的整个过程的，是前苏联一些领导人对马克思主义基本原理的放弃与背叛。苏共亡党、苏联解体并不是对马克思主义当代价值的否定，而是从反面显现了马克思主义的当代价值。苏联的解体恰恰正是背弃马克思主义的严重后果。社会主义遭受到广泛的政治失败，这一事实本身并不意味着社会主义对资本主义的批判已经丧失力量。繁荣和衰退的交替，过劳和失业并存，极度富裕和极度贫困对立，权力的集中和绝望的虚弱同在，这些现象依然构成了当代资本主义社会的特征。这一点已经

① 参见孔寒冰等：《原苏东地区社会主义运动现状研究》，上海人民出版社 2010 年版，第 84 – 90 页。

得到越来越多有识之士的认可。但是，除此之外，还有若干因素影响了马克思主义在当代的发展和传播。我们必须正视和冷静分析这些问题，以期推动马克思主义在当代的发展，提升马克思主义理论的当代阐释力。

一、马克思主义理论研究中的误区

马克思主义理论的研究一度成为政治的“婢女”，意识形态功能彰显，自主科学形态不足。这一点在中国“极左”的年代里体现得尤为突出。针对马克思主义“意识形态附庸”的显性特征以及马克思主义教条化的倾向，针对一些人认为马克思主义只是一种意识形态宣传，它根本不是什么学问的看法，有学者指出：马克思主义及其开创的批判性的人文社会科学研究传统，与实证主义的人文社会科学传统、解释性的人文社会科学传统，并称为三大现代人文社会科学传统。马克思主义学术研究表现在四个方面的统一：理论与实践的高度统一、总体性与具体化的统一、批判性与建构性的统一、科学性与价值性的统一。马克思主义学术研究因其承担的理论功能、所处理问题的复杂性和学科综合性，实际上代表了一项高强度的学术研究范式。[①]

任何一种人文社会性的学术理论，其背后也都存在着相应的社会政治关切，其中的思想导向及其价值立场，必然会深刻地影响学术研究活动。人文社会研究不仅不必羞答答地回避自身的意识形态性，而且要明确意识到研究活动的思想立场及其意识形态意义。在中国，马克思主义研究承担着对作为国家意识形态的马克思主义的诠释与理论建构功能，马克思主义研究在理论上的诠释与解读也必须是深刻的。

曾流行于国内外生态学的马克思主义、女权主义的马克思主义、心理学的马克思主义和存在主义的马克思主义、现象学的马克思主义、分析的马克思主义、后现代的马克思主义等等，尽管理解马克思主义的角度不同，并从各自的视角达到了对马克思主义的更深一步的理解，但就

---

① 参见邹诗鹏：《试论马克思主义研究的学术性》，载《教学与研究》2013 年第 12 期，第 39 页。

其客观效果而言，并没有使学界取得对马克思主义内涵的共识，仍没有走出自话自说的尴尬境地。学界从不同方面对马克思主义展开的研究取得的成果固然有其必要性与重要性，但是这些研究各自立足于不同的学科背景，解构多于建构，很难全面理解马克思主义的科学内涵。

理论的研究视域，关乎理论的长远发展。19 世纪上半叶，在欧洲的意识形态领域出现了一系列引人注目而又影响深远的历史事件，这就是德国古典哲学、英国古典政治经济学和三大空想社会主义思想在各自达到自己的顶峰之后，迅速地衰败下去。造成这种情况的重要原因，从理论上看，是这些理论学说的创立者有一个共同的弱点，即理论视野主要局限在自己的专业范围内。现在，远离当今时代，有意无意地躲避大众目光，局限于狭窄的学科领域，沉溺于小格局的文本解读，热衷于诠释技法，在狭小的领地自说自话，自得其乐，也在马克思主义的理论研究中不同程度地存在着，这不能不损害马克思主义的声誉。一些理论研究对生活视而不见，对现实沉默寡言，甚至是沉默不语。在急剧变动的时代面前，部分理论工作者为了迎合“凸显学术”的潮流，走向了片面学术化的道路，以概念消解问题，以文本抗拒时代，以逻辑替代经验，在纯粹精神领域里自娱自乐，对现实生活乃至整个外部现实世界采取一种规避的态度，对人民大众的现实关切嗤之以鼻，仅仅把马克思主义看作是一种纯学术活动。不关心我们这个时代与现实，认为研究现实就不是学术，现实问题不过是难登大雅之堂的“形而下”的俗物，这种所谓的“马克思主义理论研究”已经退化为一种无关乎政治也无关乎现实的“智力游戏”。这样一种学术不可能化为人民群众的“学养”，无法赢得大众的喝彩。学者们苍白无力的保证和世界上广大群众的生活现实之间的差距，仍旧非常巨大。

当代马克思主义理论研究的困境并不在于其科学性的不足，而在于我们需要将它对资本主义的理论预见与普通群众的日常希望和诉求联系起来。例如，有学者就指出，学界在马克思主义哲学研究方面陷入了尴尬的局面：在基础理论研究方面仍然未能取得根本性和突破性的进展；在研究方式上很大程度上是自说自话、自娱自乐；在研究的终极关怀中，仍然自醉于理论的高深玄妙而对实际问题茫然无措，自顾于所谓观点流派的分立而对现实语焉不详，自我标榜理论的实践性而对当下的实践无力分析。①

马克思强调哲学家要从单纯的“解释世界”走向“改造世界”，其重要意义就在于通过强化实践，不仅改变理论研究活动，也切实地将理论活动转化为主体的自觉意识活动。马克思绝不会离开实践去强调“为学术而学术”。实践性是马克思主义理论本身同时也是马克思主义理论研究的基本要求。“改造世界”的第一步，就是要关注大众的呼声，关注普通群众的日常诉求。意识领域纷纭复杂和价值多元化的背景下，特别是进入市场经济体制之后，在大众文化上出现了迅速的世俗化、大众化、功利化的价值取向，人们更愿意去选择和接受期望解决现实社会问题的理想作为信仰和准则以指导生活。所以，我们必须用理想来观照现实生活，提升现实生活。只有这样，马克思主义大众化传播中所承诺的以人为本、公平正义、共同富裕、文明和谐才成为人们的理想信念支柱。

二、马克思主义经典理论的历史性

理论研究对象的时代特征决定了理论的时代性。“任何真正的哲学都是自己时代精神的精华，所以必然会出现这样的时代：那时哲学不仅从内部即就其内容来说，而且从外部即就其表现来说，都要和自己时代的现实世界接触并相互作用。”② 从这一意义上我们可以说，尽管马克思智慧过人，但没有资本主义的情势是产生不了马克思主义的。马克思主义的诞生并不是因为马克思的诞生，不是马克思造就了他所在的时代，而是那个时代造就了马克思。19 世纪的资本主义时代是产生马克思主义的时代，马克思如果生活在 16 世纪，凭他的学识和才华，也许会创立一种理论新说——“马克思主义”，但那种“马克思主义”将会完全是另外一番景象。一般来说，理论研究的对象是变化的，时代的变迁会使研究

---

① 参见李海青：《困境中的马克思主义哲学研究——一种反思性的视角》，载《哲学动态》2012 年第 3 期，第 26 页。

② 《马克思恩格斯全集》第 1 卷，人民出版社 1960 年版，第 121 页。

对象发生变化。马克思主义的经典理论也不能完全摆脱历史的局限。克服这些历史局限，对于发展马克思主义来说是至关重要的。

可以举一个经济学中关于消灭商品生产的理论作为例子来说明。在马克思和恩格斯生活的年代，即工业社会的早期，第一次工业革命使得机器开始广泛替代手工劳动，劳动过程与以前相比变得简单，不需要经过长时间的训练就可以从事某一种工业生产劳动。从当时的这一条件出发，马克思和恩格斯把机器生产发展之初的这些现象当成了分工将要消灭的征兆，认为分工的消失在社会化大生产的条件下已经不再是什么虔诚的愿望，它已经被大工业变为生产条件本身，只要消除资本主义生产方式所造成的障碍和破坏、产品和生产资料的浪费，就可以做到这一点，从而得出了在当时的生产力发展的条件下就已经具备了消灭社会分工和商品生产、实现个人自由全面发展的结论。实践证明，在机器大工业的条件下并不能消除社会分工，原因在于机器的运转离不开人的直接控制和把握，这一点与人处理机器运动产生的信息的有限性能力之间存在着矛盾。只有消除了这个矛盾，才能直接消灭分工。

正如恩格斯所说："每一个时代的理论思维，包括我们这个时代的理论思维，都是一种历史的产物，它在不同的时代具有完全不同的形式，同时具有完全不同的内容。"① 作为绝对真理和相对真理相统一的科学理论，其真理的相对性总是随着时间的推移和条件的变化而日益显现出来。虽然由剩余价值理论所揭示的社会发展的历史趋势并没有改变，但是急剧变化的当代实践，使剩余价值理论及赖以建立的社会主义学说面临着许多需要探索的新问题。我们看到，当代资本主义社会的资本积累、资本的有机构成、剩余价值的占有主体等方面都出现了与工业社会初期不同的特点。科学技术推动了生产力的进步和具体生产方式的变化，从而带来了包括生产关系在内的一切社会关系的变化。这些变化本身正是对历史唯物主义理论的具体诠释。和马克思当年的判断有所不同的是，生产力的发展和它们的资本主义外壳至今尚未达到"不能相容的地步"，资本主义的上述历史过程今天仍在继续。因此，资本主义在当代出现新

---

① 《马克思恩格斯选集》第 3 卷，人民出版社 2012 年版，第 873 页。

的繁荣，资本主义仍在推动新的文明和进步，这在它“所能容纳的全部生产力发挥出来以前”，是完全不足为怪的。

对资本主义生命力的估计和对社会主义必然代替资本主义的历史总趋势的认识，是既有联系又有区别的两个不同层次的问题。前者是基于社会基本矛盾的分析，是对事物根本性质和规律性的认识；后者则是根据当时政治经济形势，对历史发展趋势实现程度的一种判断。这种判断在很大程度上受历史条件的制约，但并不影响对事物根本性质和发展规律的认识。当代实践表明，资本主义不仅在1848年具有很大的扩展能力，就是在今天也还在继续扩展，仍然显示出一定的活力。其主要原因在于：科学技术推动生产力发展，经济增速；劳动者的斗争迫使国家政府干预，对社会矛盾的调节；对社会主义因素的吸收；全球化把它们的生产方式、生活方式乃至价值观推向世界每一个角落。马克思主义创始人对于资本主义生命力的根源的分析是异常深刻的。这就是马克思所说的：“无论哪一个社会形态，在它所能容纳的全部生产力发挥出来以前，是决不会灭亡的；而新的更高的生产关系，在它的物质存在条件在旧社会的胎胞里成熟以前，是决不会出现的。”[①] 列宁在《俄国资本主义的发展》中指出，只有不可救药的书呆子，才会单靠引证马克思关于另一历史时代的某一论述，来解决当前发生的独特而复杂的问题。

三、资本权力的扩张超越了对资本主义生产方式的批判

现代意义上的资本是社会化商品经济的基本范畴。资本原则是推动生产力发展、构建经济和谐、推动社会发展的核心力量，也包含着破坏人与自然的关系、阻碍社会生产顺利进行的潜在危机。在以市场经济为基础的社会中，发展经济不能离开资本原则。但是，资本原则的滥用是造成生态危机、经济停滞、劳资冲突以及帝国行为的根源。资本原则的滥用导致了人对物的极度依赖性和一切异化行为的发生。资本逻辑依靠空间扩张实现了对整个人类社会的控制。它通过通讯交往系统、信息网

---

① 《马克思恩格斯选集》第2卷，人民出版社2012年版，第3页。

络等直接组织人的大脑，通过社会福利系统、活动监控系统等组织人的身体，使人们与他们的生命感受和创造性的欲望分离开来，内在地驱动人们的日常行为和思想遵循资本的逻辑。资本本来只是工具，工具却成为目的。

作为“空间修复”主要手段的全球化进程导致了典型的帝国行为。“全球化”这个术语是一个信号，它表明巨大的资本主义的地理重组。从“时间修复”的方法来看，债务经济滋生了没有物质后盾的“虚拟金融资本”，其中包括大量非生产性活动。金融化可以被定义为资本主义经济重心从生产向金融的转移。面对日益消失的投资机会，手中握有剩余可供使用的公司和富有的投资者们希望通过多种资产投机活动以使其货币资本保值增值。金融机构能够提供似乎无穷无尽的奇异而晦涩的金融工具：各种各样的期货、期权和衍生产品。金融资本，即包括房地产贷款所支持的债券、债务抵押所支持的债券等，通过现代金融技术手段创新所产生的结构性金融衍生工具，成为食利资本的新载体，金融衍生产品市场在投资盈利的驱动下，成为脱离实体经济获得风险性投资利润的重要领域。一个接一个新的“时间－空间修复”不断得以开启，剩余资本得到了暂时性的吸收，资本的权力在时间上和空间上都在不断扩张。

随着资本主义全球化的深入，世界上越来越多的国家引入资本来促进本国经济社会发展，保证世界资本市场的稳定秩序，保证本国资本运营的顺畅成为各国政府的根本事务。所有的国家、所有的社会实现了对资本的高度认同，都不自觉地接受资本逻辑的操控。人们已经无法避免地陷入到资本权力的控制之网，不再像以前一样对帝国主义的扩张、剥削、奴役充满抵制情绪，而是无意识地普遍认同资本帝国的运作方式。人们创造资本用其服务人类社会的发展，但资本却最终摆脱了人类社会的操控，面对资本全球扩张导致的生态危机、价值危机、道德危机等问题，人类显得越来越无力，反而自愿加入到资本逻辑带来的商品拜物教、货币拜物教、资本拜物教这些“邪教”，甘心情愿成为听任资本摆布的“教徒”。对资本主义生产方式的批判渐行渐远，是否接受资本运行方式也不再是争论的焦点。

20 世纪末期，随着苏联和东欧的一大批社会主义国家的相继剧变，一些人对马克思主义的现实性产生了疑虑。这些人发出这样的疑问：世界上第一个社会主义国家解体了，东欧一批社会主义国家易帜了，这是不是表明马克思主义已破产？我们是不是还有必要继续坚持高举马克思主义的旗帜？美国的国务院思想库副主任弗兰西斯·福山写了一本题为《历史的终结与最后的人》的书。他在书中就借用苏东社会主义的剧变来论证“自由与民主的理念已无可匹敌，历史的演进过程已走向完成”。如何正确地评判东欧剧变对马克思主义的影响，如何正确地认识垄断金融资本时代资本权力的扩张与马克思主义之间的关系，已经成了确立马克思主义的当代性的重要问题之一。

四、西方文化霸权与新自由主义思潮对马克思主义的冲击

所谓西方文化霸权，就是西方国家把其物质生活方式、人生观和价值观作为一种普世的行为准则加以推行，赋予自己在文化上的支配地位。西方文化霸权产生的直接背景是西方的科技优势，及其对信息革命技术的垄断。便捷的通讯工具和交流方式为文化霸权主义打开了方便之门。这种信息时代的文化霸权主义比过去的文化殖民主义要隐蔽和快捷。通过占统治地位的信息网络，西方国家借此建立自己的话语霸权，使带有西方色彩、有利于西方的信息在世界范围内进行狂轰滥炸，西方的价值观不仅充斥着可以触摸的物质空间，而且充斥着人类的精神空间和相互往来的交流空间。对于这种情况，有人称之为“电子殖民主义”。西方文化的强势传播使得中国部分民众的理想信念、民族观念淡化、价值观扭曲、集体主义观念削弱、生活方式发生改变等。通过文化的大众传播，西方敌对势力向中国的青年一代鼓吹资本主义社会的优越性，极力抨击马克思主义，宣扬个人主义、拜金主义的价值观及三权分立、多党制、自由民主等资本主义制度。

多元化社会思潮背景下，各种来自西方的社会思潮冲击着社会主义意识形态，影响着人们的行为准则、思想价值观念和马克思主义信仰。在过去的三十年里，资本主义的新变化可以用三个词来概括：新自由主义、全球化和金融化。20 世纪 70 年代末，尽管凯恩斯主义的刺激政策

还继续被美国卡特政府所运用，但对凯恩斯主义政策的批评已流行数年之久，经济停滞与通货膨胀的并存更是加剧了这一批评。随着货币主义的兴起，一种以新的形式和逻辑向着早期货币和金融的正统学说回归的动向出现了。一个新的社会秩序迅速强加于这个世界，这个资本主义的新阶段被称为新自由主义。新自由主义经济学家哈耶克极力赞美市场机制，认为正是人们对市场非人为力量的服从促进了文明的成长。至于由市场所造成的不平等，哈耶克认为那是“经济游戏”自然而然的结果，而且“不平等”是市场机制发挥作用的基本前提之一。哈耶克指出，非人为的力量所造成的不平等比有计划地形成的不平等，无疑要容易忍受一些，对个人尊严的影响也小得多。不但如此，人为地追求平等只能导致事实上的不平等。新自由主义看重机会均等带来的高效率，其思想实质是：保持高效率就是对公平标准的要求，公平只能是自发呈现的状态。市场的“效率理性”即公平，竞争性市场进程的结果是最公平的。自由主义的核心思想是主张减少政府干预，它植根于美国的各种传统之中，信奉美国例外论和古典自由主义，认为资本只需依据自身利益自由行事，不用考虑劳动者和大多数人的利益，追求社会公正和平等只会导致更加不幸的后果，因此，他们极度容忍分配不均的不平等现象。新自由主义对贫富差距的漠视来自于一种似是而非的说法：为了防止自己的收入所得受到剥夺，就必须付出容忍别人高收入的代价。并且，他们认为，一个社会如果能够容忍首富阶层的存在，那么对整个社会都会有莫大的好处。

新自由主义将达尔文主义移植到社会经济领域，推崇市场的作用，削弱国家的作用：一方面，资本不考虑工薪劳动者和世界上绝大多数人口，只是依据自身利益自由行事，要向资本世界和自由市场提供一切便利条件；另一方面，国家积极强化这一新社会秩序并与其他国家相对抗。具有讽刺意味的是，美国的国家意识形态也许是新自由主义，但其在本土的实践远非新自由主义。美国使用政府力量干预金融经济事务，强力推行措施保护本国的跨国公司和银行，同时却要求其他经济体特别是弱国采取新自由主义政策，对美国的跨国公司开放市场，以及减少政府参与。美国的新自由主义发展模式历经里根、老布什、小布什三位总统20

年的精心培育，其间虽有克林顿八年的插曲，出现了一些不同的政策，却没有从根本上动摇它的统治地位。最后以小布什卸任前的严重金融危机告终。这次危机对新自由主义的冲击是巨大的，美国“金融帝国”的皇冠和华尔街无往而不胜的神话破灭了。三大投资银行一夜倾倒，老百姓的财富严重缩水。伴随着2007年美国金融危机的爆发，全世界都在反思新自由主义对经济发展的后果，甚至有可能终结新自由主义对美国乃至对世界主流意识形态长达三十年的影响。

在当代中国，有些人特别是青年人“迷信洋教条”，唯西方理论马首是瞻，迷信西方的思想理论，把西方发达国家反映资产阶级主流意识形态的思想理论、政策主张奉作圭臬。或根本否定马克思主义的科学性，或认为马克思主义已经“过时”，认为只有西方的思想理论才能指导中国的社会变革，将西方理论简单地嫁接到中国，无视中国问题的特殊历史语境与时代背景，透过西方理论来观察、审视、裁决中国的实际问题。近年来，在理论界部分学者中间也出现了一种“以西解马”的洋教条主义倾向，“以西解马、无马不西”，毫无保留地、非批判性地照搬西方学术，引进西方理论，以此来评判和确证马克思主义的真理性和合法性。现代西方理论确实有很多值得我们借鉴的宝贵思想资源，但西方的理论对于我们的文化身份而言，对于我们思维的事实语境或实践基础而言，依然是西方的某个“他者”，是一种只能“隔岸观火”的镜像理论。西方有些学者站在西方中心论的立场，为我们描述了一元化的现代性图景。他们向全世界推广自由、民主、人权，把非西方文化看作是现代社会发展的文化阻滞力，把西方的地域性知识上升为世界性知识，把知识的地域性上升为普世性。对于这种观点，我们应该保持高度的警惕和清醒的头脑。

第三节　提升马克思主义的当代解释力[①]

在世界各地的许多广场上都把马克思的雕像塑造为冷酷无情的轮廓，寓意他用权威式的确定感指引了未来之路。其实马克思在晚年已经深刻意识到把历史的复杂性局限到一种理论方案之中的困难，而且他对后来兴起的社会教条充满了厌恶。提升马克思主义的当代解释力，就是把不断探索马克思主义的“真精神”和坚持马克思主义的与时俱进结合起来，要努力在现实生活中寻找马克思主义的生长点，并且以通俗易懂的方式传达给大众，真正被广大民众所接收和认可。大众化是马克思主义的本质属性和要求。马克思主义只有被人民群众所掌握，才能转化为强大的“物质力量”。

一、理解马克思主义的真谛

为了理解马克思主义的真谛，试图通过“回到马克思”来彰显其当代价值，是东欧剧变之后马克思主义面临着普遍危机的背景下，国内外许多学者所采取的分析策略。“回到马克思”就是要回到马克思的文本中，探索马克思主义的“真精神”，正确全面地领会马克思主义立场、观点和方法。因此，“回到马克思”首先包含了两个问题：一是回到什么样的马克思，即回到的“文本”是怎样的文本，或者说哪些文本，是马克思全部的文本吗？二是怎样回到马克思，即如何解读马克思的文本，马克思主义的“真精神”或者说正统的马克思主义究竟是什么？

我们先来说说马克思的文本。有学者指出，马克思理论写作中大体存在着三类不同的各具意义和价值的文本：一是读书摘录笔记与记事笔记；二是未完成的手稿和书信；三是已经完成的论著和公开发表的文献。

---

① 本节的主要内容以《提升马克思主义的当代解释力》为题发表在《理论与现代化》2016 年第 4 期，第 80 – 87 页。

在我们以往的研究中，得到普遍重视和着力研究的往往是第三类论著，第二类文献得到一定的关注，而第一类文本实际上还没有获得深入系统的解读。该学者认为，一定的意义上恰恰是对第一、二类文本的深入解读中，才有可能发现马克思思想发展和变革的真实心路和源起性语境。特别是第一类文本，从中我们能够找到马克思各种思想最初的理论激活点和渊源性线索。① 20 世纪六七十年代，鉴于苏联先前编辑出版的 MEGA 卷（后被称为 MEGA1）无法满足研习马恩著作的需求，苏联和东德有关专家决定合作编辑新的《马克思恩格斯全集》历史考证版，计划出版 163 卷（172 册），但随着其后苏东发生剧变，这一计划短暂停滞，最初 15 年间共出版了 43 卷册。之后，新成立的国际马克思恩格斯基金会获得这一版的出版权，接管了这一版接下来的编辑出版工作。基金会改变了编辑理念，调整了编辑计划，修改了编辑准则，压缩了编纂规模，从原来的 163 卷（172 册）压缩为 114 卷（122 册），这一版本被称为 MEGA2。MEGA2 压缩后分为四个部分：第一部分收录文章、著作和草稿（《资本论》及其手稿和全部准备材料除外），共计 32 卷；第二部分收录《资本论》及其手稿和全部准备材料，共计 15 卷（23 册）；第三部分收录往来书信（包括马恩所写的书信以及别人写给他们的书信），共计 35 卷；第四部分收录摘录、笔记和批注，共计 32 卷。现在该版每年计划出版两卷左右。目前中国正在编译的《马克思恩格斯全集》中文第二版就是以这一版为主要蓝本。

MEGA2 分为四个部分，每个部分单独编排卷次。第一部分：文章、著作、草稿，可简称“著作卷”，总计 32 卷；第二部分：《资本论》及其准备著作，可简称“经济学卷”或“《资本论》卷”，总计 15 卷；第三部分：往来书信（包括马克思恩格斯的书信以及第三者给他们的书信），可简称“书信卷”，总计 35 卷；第四部分：摘录和笔记，可简称“笔记卷”，总计 32 卷。MEGA2 是关于马克思和恩格斯的出版物、手稿和通信完整的、历史考证的版本。全面完整性是 MEGA2

---

① 参见张一兵：《回到马克思——经济学语境中的哲学话语》，江苏人民出版社 2003 年版，第 13 页。

编辑的首要特征，它要求在尽可能全面占有马克思恩格斯文献资料的基础上，清晰完整地反映整个著作的形成过程，这就使它编辑出版的不仅包括马克思恩格斯成熟的著作，而且还包括它的写作计划、草稿、修改稿等，将对手稿的删除、补充、改写等完整地呈现出来。通过这种繁琐的文本复原工程，MEGA2 回溯了马克思恩格斯著作的形成史，为研究者提供了宝贵的史料，也为“回到马克思”提供了更为完整的文本基础。不过，历史性建构起来的文本群可能有悖于马克思恩格斯的原意。研究者应该选择有价值、符合马克思恩格斯本人认可的材料为对象，并以此为依据来理解马克思主义的真谛。

在对马克思文本的解读方式的问题上，学术界存在较多的争议。正如一名学者所引用的意大利哲学家克罗齐（B. Croce）的名言：“一切真正的历史都是现代史”，认为每个人都是按自己的精神来整理与再造历史，这是很有道理的。虽然历史是客观存在，不以人的意志为转移的，但历史是已过去了的存在，当现代人去看待历史时总是以自己的“成见”、观点去理解和解释历史，这时历史已经不是原原本本“赤裸裸”客观的、而是带有理解者本人的主观成分呈现在人们面前的。因此，从严格意义上说，当代马克思主义者不可能回到马克思时代解释马克思文本。[①] 笔者认为，克罗齐的这句话恰恰指出了学术界在如何“回到马克思”这一问题上产生分歧的根本原因。每一部作品都被其作者赋予一个固定的意义和本质，这个意义是不以读者和作品境遇的变化而变化的。研究者的任务就是要尽可能地排除读者自身思维模式和外在境遇的“干扰”，让作品回归它的“本来面目”即其原初的意义和本质。换句话说，我们既不能“以苏解马”，也不能“以西解马”，而是要“以马解马”。笔者认为这才是理解马克思主义的真谛的核心任务。虽然说马克思的理论与马克思以后的马克思主义理论之间的关系是文本与历史的关系，马克思之后的马克思主义学者对马克思文本的阅读，都是对马克思的理论的一种历史创造，但是，我们还是可以尽量回到马克思自身理论本性的

① 参见杨寿堪：《与时代同行　回到现实中——兼评“与马克思同行”“回到马克思”的提法》，载《学术研究》2010 年第 10 期，第 1 页。

基础上去探讨其思想。

西方马克思学的学者虽不信仰马克思主义，但其研究以强调马克思的历史文本而闻名。一大批 1845 年以前的马克思的早期论著公开问世后，他们人为地制造了“两个马克思”的对立，认为只有《1844 年手稿》中的“人道主义的马克思”才是马克思理论成就的最高峰，是最有价值。西方马克思学的学者认为，《资本论》时期以后的马克思——被认为是正统的马克思——反而是“停滞”和“衰退”的。即便西方马克思学对马克思思想的解释符合马克思的本意，他们也并未真正地理解马克思主义的真谛。准确地说，理解马克思主义的真谛包括两个方面的具体含义：一是对于马克思思想的客观性解释，二是要继承和发扬马克思的思想。西方马克思学不符合第二个条件，因而没有真正地理解马克思主义的真谛。打着各种旗号的对马克思思想的肢解也并未真正地理解马克思主义的真谛，因为不符合第一个条件。

卢卡奇指出：“正统马克思主义并不意味着无批判地接受马克思研究的结果。它不是对这个或那个论点的‘信仰’，也不是对某本‘圣’书的注解。恰恰相反，马克思主义问题中的正统仅仅指方法。它是这样一种科学的信念，即辩证的马克思主义是正确的研究方法，这种方法只能按其创始人奠定的方向发展、扩大和深化。”① 笔者认为，正统与否还要看它是否坚持了马克思的立场，马克思主义的正统应该体现在马克思的价值取向和科学取向两个方面。也就是说，马克思主义的真谛集中体现在其价值旨趣与研究范式上。

任何一种人文社会性的学术理论，其背后都存在着相应的社会政治关切。梅林在《马克思传》里说：“卡尔·马克思对最高认识的不倦追求，是发源于他内心最深厚的情感的。正像他有一次率直地说过的，他的‘皮肤不够厚’，不能把背向着‘苦难的人间’；或者像胡登所说的，上帝曾赋予他的灵魂，使他对每一种痛苦比别人感受得更强烈，对每一

① ［匈］乔治·卢卡奇，杜章志等译：《历史与阶级意识》，商务印书馆 1992 年版，第 47－48 页。

种忧患比别人感受得更深切。"[①] 在大学阶段，马克思的人道性已经开始超越抽象的人类，具体化为社会的被统治集团和下层居民。人道主义在马克思的中学作文中还是一种做人的品格，在这里已经表现为一种哲学信仰了。1842 年秋天，马克思第一次接触和研究了社会问题和经济问题——关于林木盗窃问题，关系到当时德国贫苦农民的物质利益。马克思在《关于林木盗窃法的辩论》一文中，一方面批判了莱茵省议会的地主阶级实质；另一方面论证了贫苦农民在森林中捡枯树枝、放牧和狩猎活动的合法性。这里，马克思第一次越出精神领域，探讨了物质利益问题。他坚定地站在劳动人民的立场上，捍卫了他们的物质权益。马克思是代表穷人向富人抗争的最杰出的精神领袖，他的学说是名副其实的"无产阶级的世界观"。

研究者的思想导向及其价值立场，必然会深刻地影响学术研究活动。马克思开启了一种新的人文社会研究范式。这一范式首先就是在批判和改造西方人文社会研究传统的基础上展开的。在马克思那里，西方传统学术的中立态度所依赖的未经反思的意识形态前提，恰恰是研究活动展开时需要进行批判的前提，马克思对德意志意识形态的批判，即是对所谓学术中立传统的直接清算。以经济危机理论的发展史为例，曾经发生过"消费不足论"和"生产过剩论"之间的争论，其争论的焦点在于，危机究竟只是偏离市场均衡常态的现象，还是资本主义生产方式的固有趋势。古典政治经济学的传统将危机解释为偶然现象，否认危机是资本主义生产方式所固有的。在这种情况下，任何危机自然都被视为偏离常态的意外结果。而马克思力图证明，危机不仅仅是供给和需求的暂时失衡，不仅仅是资本主义积累肤浅的错位，而是资本主义生产方式所固有的一种趋势。马克思总是把自己的著作称为"政治经济学批判"。在马克思和恩格斯之后，特别是在第二国际的马克思主义理论中，危机理论之所以出现争论、陷入困境，主要是因为它试图建立在一般均衡的理论基础上，忽视并背离了马克思和恩格斯对古典政治经济学的批判维度。

---

① ［德］弗·梅林，樊集译：《马克思传》，人民出版社 1965 年版，第 22 页。

马克思主义是价值性和科学性的结合与统一。有学者指出，哲学史上的任何一种哲学理论，都是以某种价值诉求而诉诸对真理的寻求和对存在的反思，又以其对真理的寻求和对存在的反思而论证其价值诉求，因此，任何一种哲学理论都不是单一的或孤立的存在论、真理论或价值论，而是某种方式的存在论、真理论和价值论的统一。在各种哲学研究范式中，该种哲学理论的价值诉求，从根本上决定该种理论对“存在”和“真理”的理解。[①] 马克思主义哲学革命的最根本的标志，在于它从人的实践活动出发提出和回答思维和存在的关系问题，把实践作为回答全部哲学问题的逻辑起点和核心范畴。“实践唯物主义”的研究范式强调从人的“实践”出发去理解人与世界、思维与存在的关系，从人的历史活动出发去理解历史的发展规律，实现了以实践观为基础的世界观、认识论、价值论和历史观的统一。从理论研究范式上讲，马克思主义方法论的核心是历史唯物主义和辩证法。

真理和价值是人的实践活动的两大基本原则，马克思主义哲学把这两大原则辩证统一起来。真使人可信，善使人可爱。一种哲学既能可信，又能可爱，这是哲学的最高境界了。王国维曾感叹，哲学可爱者不可信，可信者不可爱，而马克思主义哲学试图把可信和可爱统一起来。完整准确地理解马克思主义的真谛、把握马克思主义理论的科学体系，是提升马克思主义的当代解释力的前提条件。通过深入研究，正确地回答哪些是必须长期坚持的马克思主义基本原理，哪些是需要结合新的实际加以丰富发展的理论判断，哪些是必须破除的对马克思主义的教条式的理解，哪些是必须澄清的附加在马克思主义名下的错误观点。理解马克思主义的真谛首先也是最根本的，就是要回到马克思的思想所体现的价值旨趣以及他的研究范式。只有这样，我们才能更好地坚持和发展马克思主义，提升马克思主义的当代解释力。

---

① 参见孙正聿：《三组基本范畴与三种研究范式——当代中国马克思主义哲学研究的历史与逻辑》，载《社会科学战线》2011 年第 3 期，第 6 页。

二、推进马克思主义时代化

如果说由于“一切真正的历史都是现代史”导致“以马解马”变得很困难，那么“以今解马”、“以己解马”就是一件相对容易的事情了。但有一点必须要强调，理解马克思主义的真谛是推进马克思主义时代化的前提条件，坚持马克思主义的“正统”（价值旨趣和研究范式）是发展马克思主义、使其与实践相结合、提升马克思主义的当代解释力的必要基础。

从内容上来说，在垄断金融资本时代，马克思主义理论研究面临许多新课题。马克思当年关注和批判的诸多社会问题，至当今世界依然以各种面目“在场”，如资本家应对工业化成就方式的负面效应、现代市场经济发展的不成熟性及其内在缺陷、社会转型进程中的社会公正危机以及全球化浪潮带来的负面社会影响等等。① 有学者指出，各国学界积极推进马克思主义时代化，以当代现实情境下的研究回答对马克思的质问。从生态学、可持续发展、阶级意识和阶级结构、消费社会批判、环境伦理学等角度展开的经济学研究，从异化思想、历史语言学、文化哲学等角度展开的文化研究，从意识形态与霸权理论、空间理论、国际秩序论等角度展开的政治学研究，等等，有力地推动了学科的交叉融合和研究视角的拓展。这些从不同角度和侧面进行的理论探讨，无一不证明马克思的思想火花所具有的惊人穿透力和强大说服力。②

从形式上来说，有学者总结了解释马克思、发现马克思、发展马克思、重构马克思和解构马克思等五种基本解读方式。③ 其中，发展马克思、重构马克思和解构马克思是较为常用的三种形式。

---

① 参见刘晨晔：《为什么马克思在当今世界依然“在场”》，载《马克思主义研究》2006 年第 8 期，第 124 页。

② 参见程恩富：《马克思主义的当代意义》，载《人民日报》2013 年 3 月 19 日。

③ 参见郝敬之：《解读马克思的五种方式及“回到马克思”》，载《南京政治学院学报》2005 年第 2 期，第 11－15 页。

“发展马克思”指的是有些学者在新的社会历史条件下为了坚持马克思主义而对马克思学说做出一种创造性解读。它既保持马克思思想体系的基本精神，又包含对于当前情况的解释和应用价值。这种解读在于读而致用，是在某种变化条件下的运用，是在不变中求变，在变中保持不变。变化体现在是思想领域的扩展、思想序列的进展以及重大理论观点的调整，不变的是马克思的基本价值取向和科学取向。发展马克思并不意味着抱着马克思的原著文本不放，有时需要离开原著文本，即以原著文本中的价值取向和科学取向为指导，依据社会与历史条件的变迁，通过吸纳人类其他先进思想，在解决时代所提出的问题和完成时代所赋予的任务过程中展开理论创新。

“重构马克思”指的是在肢解马克思的思想后又与其他思想体系进行综合，或者要在马克思的学说中发现与马克思的思想体系具有某种渊源关系的其他思想体系，或者利用其他思想体系对马克思的学说进行所谓的批判和补充，或者把马克思的部分思想系统与其他的非马克思的思想系统加以融合和综合。

“解构马克思”指的是对于马克思文本的解构主义阅读，文本的意义对于解构主义来说仅仅在于利用它。它仅仅把马克思的学说解构成思想的片段，从而把其中有认同价值的片断吸收到自己的思想体系中来。以“解构马克思”的形式出现的“在场的马克思”往往侧重于关注时代发展中的某一方面的问题，或者侧重于从某一个角度解释和解决现实问题。

在马克思之后，资本主义社会和社会主义运动的形势都发生了很大的变化。根据新情况，学者们纷纷提出自己的见解。各人观察问题的角度不同，又造成各种见解的尖锐对立，即便在一些马克思主义者中间也是如此。了解他们各自的观点和立论的依据，对于坚持和发展马克思主义理论是有益的。以上三种形式都是对于马克思思想的援引，但是只有“发展马克思”才坚持了马克思的基本立场和基本方法，才是正统的马克思主义，才是对马克思思想的发展。推进马克思主义的时代化离不开对马克思主义理论的应用，而有应用就必定有淘汰。因此，在应用和淘汰之间就有可能破坏马克思理论体系的整体性，甚至离开马克思的基本价值取向和科学取向，从而把对马克思思想的应用和创新演变为对马克思思想体系的肢解和阉割。可见，坚持理解马克思主义的真谛、坚持马克思的整体性不仅是客观解释马克思的必要前提，也是实现推进马克思主义的时代化的必要前提。

我们要反思学术的时代性问题。如果我们不关心这个时代，那么，这个时代也就自然不关心我们，我们就会“自我放逐”到抽象化的理念王国而“自卖自夸”、“自我消亡”。我们正处于一个新的时代，呼唤着属于自己时代的与时俱进的马克思主义。有学者指出，理论的时代化有几个要素：（1）理论本身是正确的；（2）理论发生了变化；（3）理论变化是由于时间因素引起的；（4）变化的结果是正确的。理解时代化，这几个因素缺一不可。[①] 马克思主义的时代化，就是要在坚持马克思主义基本立场、观点和方法的基础上，使马克思主义面向时代，认识和解决由于时代变化所带来的新问题，并以此作为推动马克思主义与时俱进向前发展的主要动力。理论的当代性，既体现在理论的当代价值上，也体现在理论的时代化要求上。马克思主义理论的当代性，既是由它创立时就具有的精神气质和开放品格所规定的，更是由后来的马克思主义者们认真研究和努力发展所实现的，是在不断解答当前时代人们面临的困境和问题的过程中获得确证的。

马克思所面对的是一个由资本关系所造成的人的生存状态全面异化的社会。这种异化的本质直到今天仍然没有变，但却出现了许多新的具体表现形式。虽然由剩余价值理论所揭示的社会发展的历史趋势并没有改变，但是剩余价值占有主体的多元化以及急剧变化的当代实践，使剩余价值理论及赖以建立的社会主义学说面临着许多需要探索的新问题。因此，时代的变化为理论增添了新的内容，这是最常见的时代化形式。过去微弱而被忽视的问题，随着时代的变化开始突出出来，相关的理论丰富和成熟起来，这也是时代化。第三产业和第四产业在社会财富的生产中日益发挥着重要的作用，商品的生产也越来越多地表现为无形商品

---

① 参见陶文昭：《论马克思主义时代化的理论表现》，载《甘肃理论学刊》2014 年第 4 期，第 134 – 135 页。

的生产，生产商品的劳动也越来越开始由物质生产劳动扩展到精神生产劳动。这与马克思所生活的工业社会的年代已经有了很大的不同。第三产业中的服务产品同价值创造的关系究竟是怎样的，这是劳动价值论研究中的一个重要问题。在马克思生活的时代，属于第三产业的劳动或劳动产品，在社会整个劳动和劳动产品中还是“微不足道”的，还是理论研究中可以暂时“忽略”的因素，马克思也没有作过专门的论述。但是，马克思对他那个时代的生产劳动问题的论述，对我们现在理解第三产业的各类服务产品与价值创造之间的关系问题，仍然具有重要的指导意义。在《哥达纲领批判》中，马克思设计的社会主义理论模式中已经取消了商品经济，私人劳动直接转化成社会劳动，“劳动券”是实现按劳分配的主要手段。而中国在社会主义实践中走上了社会主义市场经济的道路，这种不同于经典马克思主义的观点上的创新也是一种时代化。不论是哪一种形式的时代化，理解马克思主义的真谛始终是马克思主义时代化的基础，而实践始终是马克思主义时代化的依据。

三、推进马克思主义大众化

通俗，指浅显易懂，适合或体现大多数人的水平。庸俗，指平庸不高尚。低俗，指低级趣味，使人萎靡、颓废。马克思主义的大众化指的是以浅显易懂的方式“回到马克思”，是时代化的马克思主义以适合大多数人的水平的方式去亲近越来越多的当代中国人。离开了“马克思”，“大众化”便成为庸俗甚至低俗；离开了“大众化”，“马克思”便成为大众不可亲近的神。马克思主义理论要想掌握于群众，就必须要有足够的说服力，必须具备对当代的重大理论和实践问题具有令人信服的解释力。如果马克思主义不被大众所接收或认可，那么马克思的思想终究也只是“漂浮于空中”的玄远之说。理论只有被群众掌握，才能真正变成改造世界的“物质力量”。面对错综复杂的形势，找准话语对象，确定共同话语，选好话语主题，是马克思主义能否实现大众化的首要前提。

作为马克思主义大众化的重要途径和方法之一，当代中国马克思主义教育的实效性正经受着挑战。强烈的“问题意识”一直是马克思主义学说形成和发展的主要导向。“问题就是公开的、无畏的、左右一切个人的时代声音。问题就是时代的口号，是它表现在自己精神状态的最实际的呼声。”① 马克思的哲学旨趣都指向改造现实社会；他的政治经济学是宏观批判的本质经济学，考察的是资本主义经济制度的整体不合法性；他的社会主义学说从本质上说是一种社会理想学说，最终目的是建立共产主义社会。马克思和恩格斯对资本主义社会进行批判，致力于无产阶级革命，将共产主义设定为社会发展的必然趋势和人类解放的理想状态，并在辩证唯物主义和历史唯物主义的世界观和方法论的指导下对这一结论做出了跨学科的科学论证。这就是马克思恩格斯理论学说建构过程的主要逻辑理路。因此，社会发展理论是马克思主义的硬核，进而也就成为马克思主义教育内容中的核心问题。马克思主义本质上是科学，是对历史和社会结构及其功能的客观解释。马克思主义社会发展理论的真理性奠定了马克思主义教育内容的真理性。

马克思主义教育内容的真理性着重体现在马克思主义的基本原理上。马克思主义的基本原理是指马克思、恩格斯及其继承者们创立和发展了的，经受了社会实践反复检验所证明了的那些科学原理，即关于自然、社会和思维发展的一般规律，也就是马克思主义哲学、政治经济学、科学社会主义的基本原理和基本观点。在具体的教育内容中，我们可以设计以下三个关于社会发展的问题：第一，人类社会发展的一般性规律是怎样的？对这一问题的回答包含了马克思主义哲学中唯物史观的主要内容；第二，资本主义社会发展的经济规律是怎样的？对该问题的回答涉及马克思主义经济学中的劳动价值论、剩余价值论、资本主义经济矛盾理论和经济危机理论等核心内容；第三，社会主义革命和建设的规律和内容有哪些？对这一问题的回答涉及科学社会主义中关于资本主义和社会主义的历史命运的理论、无产阶级专政的理论、阶级斗争和阶级分析法的理论等等。用以上三大问题可以将马克思主义理论的主要内容串联起来，形成一个有机整体将抽象的理论内容简明化，便于大众理解和接受。对马克思主义基本原理结合实际做出马克思主义的科学阐释，严肃

① 《马克思恩格斯全集》第 40 卷，人民出版社 1982 年版，第 289 – 290 页。

对待挑战，是当代马克思主义教育者和传播者的历史责任。

以社会发展问题为路径来剥离马克思主义理论体系的硬核，不仅有助于大众简明扼要地掌握马克思主义理论体系的主要内容，还有助于大众从整体上树立起科学的马克思主义观，体现了马克思主义教育的价值性。马克思主义教育的价值性指它的方向性、合理性和思想性。价值导向性是马克思主义教育的灵魂所在，如果缺乏了价值性，马克思主义教育就只能是空洞的理论。马克思主义教育价值性的根本要求在于坚持马克思主义的本质规定性，主要包括以下几方面：一是辩证唯物主义和历史唯物主义的世界观和方法论，这是马克思主义最根本的理论特征和理论基石；二是科学社会主义和共产主义，这是马克思主义的根本性质和社会理想；三是为无产阶级和广大人民群众谋利益，这是马克思主义的政治立场和根本宗旨；四是坚持与时俱进，这是马克思主义最根本的理论品质。其中，关于社会理想和政治立场的教育是马克思主义教育价值性的重要方面。以社会发展问题为导向来分析马克思主义基本原理，是对马克思主义的社会理想和政治立场的直接阐发，是将价值性寓于真理性之中的教育方法。这种方法体现了马克思主义作为实践理性范畴和价值认识范畴的双重特点，做到了教育的真理性与价值性并重。

马克思和恩格斯创立马克思主义学说并非仅仅为了建构一套完整的理论体系，而是为了创立一种能够用以指导解决现实生活中重大问题的理论与方法。经典马克思主义和中国化马克思主义学说都是在关注、研究、解决不断变化发展着的现实问题中生成的。中国化马克思主义理论教育要解决的实际问题，就是人民群众在经济、政治和社会生活中遭遇的现实问题。只有以现实问题为动因，通过中国共产党的“好政策”让人民群众切实感受到理论成果的伟大作用，才能切实推进马克思主义的大众化。著名教育家杜威曾讲过，在各种不确定的情况下，有一点是可以永久参照的，那就是教育与个人经验之间的有机联系。老百姓生活中蕴藏着取之不尽的理论教育资源，要通过积极开发利用富含正确价值引导功能的生活资源提升理论教育的实效性。当代中国马克思主义要真正深入人民大众的血肉，宣传教育就必须选择贴近生活、贴近实际、贴近百姓的素材，内容上取材于现实生活，以亿万群众的生活实践作为理论发展的源头活水，提高理论的活力。

现实生活中的问题总是马克思主义首先关注和回答的问题，这一点在中国化马克思主义理论的形成和发展过程中体现得尤为明显。在具体的教育内容中，我们可以设计以下几个问题：第一，毛泽东思想如何回答中国革命的道路问题？在战争年代，毛泽东所讲的“农村包围城市，武装夺取政权”和“打土豪，分田地”等通俗话语，揭示了中国革命胜利的道路。通俗化的新民主主义革命理论和社会主义改造理论，激发了亿万农民跟着共产党闹革命、搞建设的极大热情。第二，邓小平理论如何回答“什么是社会主义，怎样建设社会主义”的问题？在改革开放初期，邓小平所说的“摸着石头过河”、“不管白猫黑猫，捉住老鼠就是好猫”和“让一部分人先富起来”等大白话，实话实说。经济体制改革是每一个中国人工作和生活当中的一件大事，邓小平理论着眼于中国人民从贫穷走向富裕的问题，群众一听就明白。第三，“三个代表”重要思想对社会主义建设和执政党建设问题做出了怎样的探索？在体制转轨时期，市场规范缺失和党内腐败等问题逐渐突出，“三个代表”重要思想就是在完善社会主义市场经济体制的过程中形成和发展起来的。如果说邓小平理论为中国人民指出了通往富裕之路的方向，那么“三个代表”重要思想则是在一步步铺就这条富裕之路。第四，科学发展观怎样解决社会发展中的各种矛盾？经过几十年的改革开放，中国社会积累了许多矛盾，其中，贫富分化、地区城乡差距拉大、失业等社会民生问题尤为突出。通俗地讲，中国化马克思主义理论就是围绕站起来、富起来、发展起来与和谐起来这一系列中国社会的现实问题而展开的。在中国社会发展的不同历史时期，这些问题都是与人民大众的利益息息相关的重要问题，以理论与现实生活的紧密联系促进了百姓对当代中国马克思主义的关心。一种思想理论对百姓是否具有吸引力，主要决定于百姓现实生活的客观需要，决定于这种思想理论对普通百姓的现实生活和利益追求能否发挥引导作用。人的行为都和他的利益有关。当代中国马克思主义的大众化主要应通过阐释理论对促进发展、改善民生，提高人民群众的生产生活水平的重要作用，增强干部群众对科学理论的认同感和理解度，让百姓认识到这个理论体系与他们的生活、工作和生产密切相关，与他们的切身利益密切相关，能够解决他们的思想问题和实际问题，才能切实增强马克思主义教育的实效性。

马克思主义大众化是马克思主义由抽象到具体，由深奥到通俗，由被少数人理解掌握到被多数人理解掌握的过程。① 马克思主义要真正实现大众化，其前提就是必须实现理论的有效传播，而理论有效传播的重要环节就是理论通俗读物的出版。理论通俗读物编辑出版的有效性主要由两个要素来考察：一是编辑出版读物本身的科学性；二是出版读物的通俗性和大众性。适应和满足大众理论需求，是编辑好通俗理论读物的关键。通俗理论读物的创作和出版需要重视一批集思想性、理论性、艺术性、可读性于一体的大众化精品力作，不断创新通俗理论读物的品种、样式和风格，从而不断增强理论读物的吸引力和感染力。比如从 1995 年首次出版的《画说资本论》到 2013 年出版的《为什么要坚持马克思主义》，或是以图文结合的形式、或是运用通俗的语言表达方式，使理论走向大众化、通俗化，大大地提高了通俗理论读物的影响力。

目前课堂上、电视里、会议中、报刊上随处可见关于马克思主义的某些形式化、表面化的表述。如果我们墨守成规地固守马克思的某些具体论断，那我们实际上是在亲手丢弃马克思的理论这一当代最重要的人类精神遗产。马克思学说的当代价值和生命力就在于它不受这些具体层面限制的深层内核，它是关于人的实践本质的最深刻的阐发。推进马克思的事业是对马克思最好的纪念，马克思与我们的时代同行。

---

① 参见王国炎：《当代中国马克思主义大众化的实践路径探析》，载《马克思主义研究》2009 年第 3 期，第 82 页。

主要参考文献

1．马克思：《资本论》第1－3卷，人民出版社2004年版。

2．《马克思恩格斯选集》第1－4卷，人民出版社2012年版。

3．林振淦：《马克思恩格斯论述金融危机与经济危机》，社会科学文献出版社2011年版。

4．高峰：《资本积累理论与现代资本主义——理论的和实证的分析》，南开大学出版社1991年版。

5．王宇：《华尔街：资本的力量》，中国财政经济出版社2010年版。

6．［英］克拉克，杨健生译：《经济危机理论：马克思的视角》，北京师范大学出版社2011年版。

7．［美］保罗·斯威齐：《资本主义发展论——马克思主义政治经济学原理》，商务印书馆1997年版。

8．［美］史蒂芬·伦德曼，法磊译：《看华尔街如何榨干美国》，广东经济出版社2012年版。

9．袁镇岳、庄宗明：《对马克思的利润率下降倾向规律的“评论”的评论——对〈美国经济评论〉爱德华·N·沃尔夫一文的剖析》，载《中国经济问题》1983年第S1期。

10．张雷声：《经济全球化与马克思主义经济学的发展》，载《济南大学学报》2003年第5期。

11．时家贤：《马克思恩格斯的世界市场理论及其当代启示》，载《当代世界与社会主义》2012年第6期。

12．杨学功：《马克思主义的当代境遇——由纪念马克思逝世120周年所想到的》，载《中共济南市委党校学报》2003年第2期。

13．程恩富：《马克思主义的当代意义》，载《人民日报》2013年3月19日。

14. 车玉玲：《西方马克思主义的当代转向》，载《江西社会科学》2013 年第 3 期。

15. 邹诗鹏：《试论马克思主义研究的学术性》，载《教学与研究》2013 年第 12 期。

16. 李春会：《马克思主义大众化传播的现实困境》，载《燕山大学学报》（哲学社会科学版）2012 年第 1 期。

17. 陈培永：《新帝国主义与资本逻辑的深度空间扩张论》，载《理论视野》2013 年第 7 期。

18. 徐洋：《试论〈马克思恩格斯全集〉历史考证版（MEGA2）第二部分的主要内容和学术价值》，载《马克思主义与现实》2013 年第 5 期。

19. 付哲：《MEGA1 和 MEGA2 是同一版本的两个版次吗?》，载《光明日报》2014 年 7 月 14 日。

20. 谢福胜、汪家腾：《马克思放弃利润率趋于下降理论了吗——MEGA2 Ⅱ出版后引发的新争论》，载《当代经济研究》2014 年第 8 期。

21. 高乃云：《通俗理论读物出版与马克思主义大众化》，载《山西师大学报》（社会科学版）2014 年第 1 期。

22. 李慧勇：《金融危机真的改变了世界经济格局?》，载《中国经济导报》2012 年 1 月 10 日。

23. ［德］埃克·考普夫：《弗里德里希·恩格斯和卡尔·马克思论“世界市场”》，载《海派经济学》2006 年第 14 辑。

24. 赵建：《马克思资本积累理论研究》，厦门大学博士论文，2004 年。

25. 王颖超：《马克思与希法亭的金融资本观比较研究》，南京大学硕士论文，2012 年。

26. C. Barone: *Marxist Thought on Imperialism*, New York: M. E. Sharpe Inc., 1985.

27. Makoto Itoh: V*alue and Crisis*, New York and London: Monthly Review Press, 1980.

28. Paul A. Attewell, *Padical Political Economy since the Sixties: A Sociology of Knowledge Analysis*, New Jersey: Rutgers University Press, 1984.

29. David A. Wolf: *Capitalist Crisis and Marxist Theory*, Labour/Le Travail, Vol. 17 (Spring 1986).

30. Makoto Itoh: *The Formation of Marx's Theory of Crisis*, Science and Society, Summer 1978.